SV

James Joyce
Finn's Hotel

Herausgegeben & eingerichtet
von Danis Rose
Mit einer Einführung von Seamus Deane
Übersetzt von Friedhelm Rathjen

Suhrkamp Verlag

Erste Auflage 2014

Satz: Satz-Offizin Hümmer GmbH, Waldbüttelbrunn
Druck: CPI – Ebner & Spiegel, Ulm
Printed in Germany
ISBN 978-3-518-42454-4

Vorwort

.i..'. .o..l

Ein Vorwort von Danis Rose

Da hätten wir eine andere Geschichte. Es war einmal zu einer Zeit und eine sehr gute Zeit war's da kam ein junger Mann die Straße entlang und dieser junge Mann der da die Straße entlang kam traf ein feines Mädchen das hieß Nora Barnacle .....

Er war James Joyce – Sunny Jim – entschieden der rechte Mann am rechten Fleck. Er hatte blasse blaue Augen, einen hellen Teint und eine Seglermütze auf dem Kopf, und sie fand, er sehe aus wie ein schwedischer Matrose. Sie, Irlands Hübscheste, hatte Haar im rotbraunen Farbton des Moores in der Abenddämmerung, dunkelblau rollnde Ozeankullerchen und einen kecken Blick drauf. Sie wohnte ein Stück die Straße hinunter in einem nüchternen roten Ziegelbau namens Finn's Hotel, wo sie, nachdem sie aus einem Galwayer Nonnenkloster und vor einem jähzornigen Onkel (keinem Mark, sondern einem Mick) weggelaufen war, Beschäftigung als Zimmermädchen und Kellnerin gefunden hatte.

Ah, wenn sie da nicht will! Schon bald hatte er ihre Liebe errungen und sie die seinige; und er trug sie mit sich fort auf einem Schiff auf dem Antlitz der Wasser, leidenschnaufend, zur heimischen Schande. Nach vielerlei Mühen und Reisen siedelten sich die beiden schließlich als rechte Outlaws in Paris an, in Frankreich. Er war, in der exilischen und alles andere als idyllischen Zwischenzeit, zum Meister der Prosa geworden: er hatte den *Ulysses* geschrieben. Aber auch da hatte er seinen eigentlichen Markstein noch nicht

erreicht: auf dem Amboß seiner Seele das ungeschaffene Gewissen seines rebellischen Volkes zu schmieden.
Da rief dann, wie es schon einem Vorgänger ergangen war, dem heiligen Patrick, in seinen Träumen die Stimme der Iren nach ihm. Diese Stimme und jene Träume – der restlichen Welt so fürchterlich schwer zu enträtseln – sollten sein letztes, großes, alles verzehrendes Werk beherrschen, *Finnegans Wake*. Aber das war noch Zukunftsmusik. Es fiel ihm schwer, einen Anfang zu machen. Schließlich begann er, der er von grüner Jugend an weitsichtig war, sein Material zusammenzuziehen, langsam zunächst, dann mit wachsender Zuversicht.
Ein sich wiederholendes Muster läßt sich in der Joyceschen Kompositionsmethode ausmachen. Zunächst kreiert er einen Text, oder mehrere Texte, worin er seine Figuren einer ersten Musterung unterzieht. Das Ganze entwickelt er in größerem oder kleinerem Maße, verwirft es dann aber, nachdem er es zwischenzeitlich (seine Figuren inzwischen alle an Ort und Stelle) neukonzipiert hat. Anschließend entwickelt er die imaginativ neugefaßte Version wiederum, wobei er bisweilen im Verlauf dieses Prozesses die zuvor entstandenen Texte ausschlachtet.
So haben wir *Ein Porträt des Künstlers als junger Mann* als Weiterentwicklung der fragmentarischen Keimzelle *Stephen der Held*, *Ulysses* als Weiterentwicklung fragmentarischer Keimzellen in Gestalt einer Fortsetzung von *Ein Porträt des Künstlers*, des Textes *Giacomo Joyce* und einer geplanten, jedoch nicht realisierten *Dubliner*-Erzählung (die ebenfalls *Ulysses* heißen sollte). Seine großen Bücher entspringen in gewisser Hinsicht einem Prozeß in zwei Schritten, weil sich die jeweilige Stufe mit einem einzigen Schritt nicht erklimmen ließ. Die Ur-Werke sind so etwas wie Enzyme, die seine Kreativität stimulierten.

Ebenso geschah es bei seinem letzten Roman. Die Grundidee, die Joyce hatte, war die eines betagten Finn McCool, der an den Ufern der Liffey schlief, während die Geschichte Irlands an ihm vorbeiströmte, als wär's ein Traum. Sobald ihm dieser bahnbrechende Einfall gekommen war, der in *Finn's Hotel* zum Teil realisiert werden sollte, machte er sich an die Arbeit.

Finn's Hotel – ein Ort, wo Menschen kommen und gehen – schlägt eine Brücke von *Ulysses* zu *Finnegans Wake*. Es ist sowohl ein Werk für sich als auch eine wunderbare, halb ernste und halb unernste, dazu leicht lesbare Einführung in die Schlüsselthemen und -figuren des notorisch schwierigen folgenden Werks.

Finn's Hotel ist ursprünglich als eine Folge von Fabeln konzipiert worden: kurze, konzise und konzentrierte Stücke erzählender Prosa (»epiclets«, um den Joyceschen Neologismus zu benutzen: Eposlein), die sich um prägende Momente der historischen oder mythischen Entwicklung Irlands in den anderthalb Jahrtausenden seit der Ankunft des heiligen Patrick in Irland drehen. Er komponierte die Textstükke 1923, rund sechs Monate *nach* dem endgültigen Ende seiner Beschäftigung mit dem *Ulysses* und noch *bevor* er die Handlung, die Struktur und die schiere Unermeßlichkeit seines Epos *Finnegans Wake* konzipiert hatte.

Die Episoden von *Finn's Hotel* sind in einem ganz einzigartigen Spektrum verschiedener Stile und großteils in verständlichem Englisch abgefaßt. Zusammengenommen bilden sie den wahren (und bislang unbekannten) Vorläufer der so modulationsreichen Stimmen des *Wake*. Joyce komponierte die Episoden eine nach der anderen, überarbeitete manche und beließ andere im Stadium des ersten Entwurfs, bevor er sie schließlich zur Seite legte. *Und da blieben sie, praktisch vergessen*, manche sechzehn Jahre lang (bis er diese Kleiderkiste auf der Suche nach Material für die ganz zum Schluß geschriebenen Abschnitte des *Wake* durchwühlte) und andere für immer, oder besser: bis heute. Nur eine einzige Episode, das Pappi-Stück (*Hier Chauffiert Einjeder*), bildet eine Ausnahme. Gegen Ende 1923 erkannte er bei genauerer Prüfung darin einen Neuanfang, eine Möglichkeit literarischer Entwicklung, die er weiterverfolgen und ausbauen konnte, bis sein neues Irland-Epos *Finnegans Wake* (als Gegenstück zum vorausgegangenen Dublin-Epos) dabei herauskam. Für Studenten der englischen Literatur ist James Joyce der Ahnherr aller Outlaw-Autoren. Er gab sich nicht damit zufrieden, seine »geschwätzige, allumfassende, mischmaschige Chronik« *Ulysses* hinter sich zu lassen. Er gab sich nicht einmal damit zufrieden, uns das ungeheuerliche, beinahe undruckbare und verwirrende *Finnegans Wake* zu hinterlassen. Er hinterließ uns zum Begrübeln mehr als fünfzigtausend Manuskriptseiten, viele davon praktisch undurchdringlich aufgrund seiner krakeligen Handschrift, und dazu Dutzende augenscheinlich chaotischer Notizbücher, Blatt um Blatt willkürlich erscheinender, querverweisender Wörterlisten und wortwörtlich Tausende von Briefen. Und um seine Romane ernsthaft in den Griff zu kriegen, muß man tatsächlich dieses gesamte Œuvre studieren, ohne Ausnahme, bis ins letzte Detail.

Die größte Herausforderung für die Exegeten und die Textwissenschaftler (wischt euch die Glossen mit dem, was ihr wißt) ist seit jeher *Finnegans Wake*: wo kommt es her, wo will es hin, und worum zum Teufel geht es bloß. Jetzt aber können innerhalb dieses ganzen Universums gedruckter Vermutungen und Beobachtungen, gedruckter Andeutungen und Fehldeutungen die Zwischentexte, die *Finn's Hotel* ausmachen, als Rosettastein fungieren, als neue Linse, mit

der sich das Dunkel des Traumbuchs etwas besser durchdringen läßt.
Als der Penguin-Verlag 1992 zum ersten Mal die bevorstehende Veröffentlichung von *Finn's Hotel* bekanntgab, schlug die Nachricht als kleine Sensation ein. Die Phantasie ging mit den Kommentatoren durch; sie stellten sich vor, es handle sich um einen Zyklus *Dubliner*-artiger Erzählungen, die irgendwo unter einer Matratze oder in einem Geheimfach oder an irgendeinem anderen unverhofften Ort aufgefunden worden seien. In Wahrheit ähnelt dieser Fall eher demjenigen von Poes entwendetem Brief. Ein großer Teil des Manuskripts von *Finn's Hotel* lag seit Jahrzehnten offen vor aller Augen und war auch tatsächlich zuvor schon von etlichen bedeutenden Gelehrten studiert worden. Das Problem betraf etwas anderes als die Existenz oder Nichtexistenz von Manuskripten: das Problem war, daß diese Manuskripte alle entsetzlich durcheinander waren. Die Manuskripte des früheren Texts waren (im Zuge eines Sortierversuchs von Miss Harriet Shaw Weaver, in deren Privatbesitz die Dokumente sich befanden) auseinandergenommen und Blatt für Blatt in die sehr viel zahlreicheren Manuskripte des späteren Textes eingefügt worden. Die einzelnen Teiltexte von *Finn's Hotel* interpretierte man dementsprechend als »frühe Fassungen« weit verstreuter Episoden von *Finnegans Wake* (in großem Abstand zueinander, sowohl was ihre Anordnung im Roman als auch was ihre Entstehungszeit betraf).
Zu diesem verständlichen Mißverständnis wäre es nicht so leicht gekommen, wären die Papiere nicht in der beschriebenen Weise auseinandergenommen worden und hätte den Forschern die hilfreiche Kenntnis eines tatsächlich nicht zugänglichen *weiteren* Stoßes von Papieren zu Gebote gestanden, die erst vor einigen wenigen Jahren in Paris zum

Vorschein kamen und inzwischen in der irischen Nationalbibliothek verwahrt werden, darunter auch einige, die *Finn's Hotel* betrafen – eine Ergänzung der bereits bekannten Fragmente. Diese »zusätzlichen« Episoden wurden *nie* in den späteren Joyceschen Text überführt und stützen auf nachhaltige Weise das Argument, es handle sich um ein autonomes (wenn auch aufgegebenes) Zwischenwerk.

Selbst so, wie es sich damals in den alten Zeiten – den *sean aimsir* – darstellte, war ich (offensichtlich als einziger) keineswegs glücklich mit der allgemeinen Auffassung vom Status dieser Fragmente und ihrer Einordnung innerhalb des Œuvre. Sie fügten sich einfach nicht recht in die Entstehungsgeschichte des *Wake* ein, von der wir inzwischen sehr viel wissen, bis ins Detail hinein. Wir können *ab ovo* und haarklein die evolutionäre Entwicklung der diversen Kapitel, Abschnitte und Unterabschnitte des *Wake* vom ersten bis zum letzten Schritt nachvollziehen, und an keiner Stelle benötigen wir dabei einen Konstruktionsüberbau (oder können ihn rational ableiten), wie ihn diese »frühesten« Bestandteile (»Knoten« nach David Haymans Terminologie) den vorherrschenden Annahmen zufolge hätten abwerfen können. Gewiß, einer der Texte, »Hier Chauffiert Einjeder« – der erzählt, wie Pappi zu seinem Namen Earwikker kam –, wurde in der Tat zum Sprungbrett für *Finnegans Wake*, und gewiß auch wurden die Motive des Briefschreibers und des Briefträgers tiefgreifend weiterentwickelt; doch die hauptsächlichen Elemente des *Wake* entwickelten sich in eine ganz andere Richtung, und die ad-hoc-Integration einiger der Texte aus *Finn's Hotel* ins Work in Progress (*Finnegans Wake*) in einem sehr späten Stadium im Jahre 1938 war keineswegs dazu angetan, ihren vorgeblichen Status als frühe Entwürfe zu untermauern.

Das nächste logische Glied in der Argumentationskette –

sie scheinen nicht recht hineinzupassen, *weil sie wirklich nicht hineinpassen* – wurde evident, nachdem ich die Texte zueinanderstellte, sie also aus der umfassenden Manuskriptsammlung separierte, und nachdem ich der Abfolge ihrer Niederschrift nachgegangen war und diese Texte (und nicht *Finnegans Wake*) mit den ansonsten unpassenden und unerklärlichen Kommentaren verknüpfte, die Joyce in seiner Korrespondenz dieser Zeit abgegeben hatte (zum Beispiel: daß der Titel dessen, was er schreibe, sich unmittelbar auf Nora Barnacle beziehe; daß er einen Tunnel von beiden Seiten durch einen Berg treibe und hoffe, die beiden Stollen würden sich in der Mitte treffen; daß es eine Geschichte Irlands sei; und so weiter), und nachdem ich – am allerwichtigsten – herausgefunden hatte, daß es einen ursprünglichen Titel für die »nicht passenden« Textstücke gab, *Finn's Hotel*, dessen Schatten sich über die gesamten siebzehn Folgejahre, in denen *Finnegans Wake* geschrieben wurde, erstreckte. Tatsächlich scheint Joyce beabsichtigt zu haben, an dem ursprünglichen Titel festzuhalten. Erst gegen Ende der »Work-in-Progress«-Jahre fand er ihn verständlicherweise nicht mehr länger geeignet und entschied sich statt dessen für den neuen Titel *Finnegans Wake*. Den »alten« Titel beerdigte er (als *.i..'. .o..l*) im Textkörper des Work in Progress – als Titel im Titel.

Das größere Werk entwickelte sich aus der Episode »Hier Chauffiert Einjeder« von *Finn's Hotel*: der Geschichte eines »Mann-Bergs« namens Earwicker. Auf diesen seltsamen Namen war Joyce übrigens 1923 bei seinem Aufenthalt in Bognor gestoßen, als er in einem örtlichen Reiseführer die Details zu einem Friedhof in Sidlesham in der Hundred of Manhood (einer Gemarkung) nachgelesen hatte, auf dem Mitglieder der (englischen) Familie Earwicker an der Seite von Nachbarn beigesetzt worden waren, die nicht weniger komische Namen trugen: Glue, Gravy, Northeast und Anker.

In seiner ersten Rolle ist Earwicker ein stotternder Wirtsmann, der mit hochrotem Gesicht aus dem Gemüsegarten seines Hotels gelaufen kommt, in den Händen die Karikatur eines Szepters (er ist gerade damit beschäftigt gewesen, Fallen aufzustellen, um Ohrwürmer zu fangen, Fallen, die er sich aus Stangen und umgedrehten Blumentöpfen gebaut hat), um eine königliche Jagdgesellschaft zu begrüßen, die draußen kurz haltgemacht hat. Der König, der die seltsame Ausrüstung seines Lehnsmanns bemerkt, amüsiert sich drüber und scherzt gegenüber zwei Männern aus seinem Gefolge, wie außergewöhnlich es doch sei, einem Manne zu begegnen, der gleichzeitig »Schlagbäumer« und »Ohrwürmler« sei.

Joyce, der seinen Arbeiten immer eine prononciert irische Perspektive unterlegte, schrieb in der Folge allerlei über Earwickers Herkunft und Geschichte, die ihm zur Last gelegte Ursünde »im Park« und deren Folgen, über Mammi (neugefaßt als Anna Livia), die ihren Mann in einem Brief an »den König« ent-/belastet, und über Earwickers Familie (zwei miteinander im Clinch liegende Söhne, die zu einem Schriftsteller und einem Postboten heranwachsen, und ihre Schwester, die anfängt, Herzen zu brechen, sobald sie alt genug ist). Nachdem diese Kernfamilie erst einmal ihren Platz sowohl in Chapelizod als auch in der Weltgeschichte gefunden hatte, war der Weg für Joyce frei, seinen neuen Roman exponentiell auszuweiten zu seinem ganz eigenen *Totenbuch*, einem Buch, dessen Bestimmung es war, Irlands und doch wohl auch der Welt größtes Märchenbuch zu werden: *Finnegans Wake*.

Den weiteren Kommentar zu den Geschichten überlasse ich Seamus Deane, der sich *Finn's Hotel* in seiner Einführung aus einer weiter gefaßten literaturhistorischen Perspektive anschaut.

Kaum einer wird sich einen Begriff von den Schwierigkeiten machen, denen ich seit und aufgrund der 1992 verbreiteten Ankündigung der bevorstehenden Veröffentlichung von *Finn's Hotel* – Text und Begründung – ausgesetzt war. Es brach regelrecht die Hölle los. Die Zeitungen brachten willkürlich übertreibende Darstellungen des noch gänzlich unbekannten Inhalts. Die Joyce-Forscher waren (mit hervorhebenswerten Ausnahmen) auf typische Weise entgeistert – ziemlich auf dieselbe Weise gelähmt wie Maulwürfe, die man im gleißenden Tageslicht erwischt. Die Joyce-Nachlaßverwaltung reagierte, obwohl sie mir bereits die Genehmigung zur Veröffentlichung der Ausgabe erteilt hatte, verdrossen und der Verlag kopfscheu. Die Reihen schlossen sich, auf verschiedene, mal mehr und mal weniger subtile Weise wurde Druck ausgeübt, Anwälte fochten und konspirierten mit expertenhaft kaschierter Unentschiedenheit, und schließlich wurde das ganze Projekt – gleich Finn, gleich Finnegan – zu Grabe getragen.

In gewisser Weise spiegelt die Publikationsgeschichte von *Finn's Hotel* bis in die Verästelungen hinein die Geschichte von Mr Earwicker und der Belästigung im Park wider. Er erscheint auf der Bildfläche, macht Furore; bedroht einen Lümmel und wird von diesem bedroht; flieht um sein Leben in eine unterirdische Unterwelt; wird zu einem öffentlichen Skandal, verblaßt dann zu einem bloßen Gerücht; und schon eine Generation später wird die Realität seiner Existenz als solche in Frage gestellt – nur wenige bezweifeln nicht »die Kanonizität seiner Existenz als Tesserakt«. Am Ende aber wird alles gut. Der Geist des großen Mannes wird bei einer Séance heraufbeschworen (übertragen von der BBC), und er erklärt sich auf überzeugende Weise selbst, nachdem die Erklärungsversuche aller anderen in jeder Hinsicht fehlgeschlagen sind.

Mit dieser Publikation entzieht sich ein weiteres kleines Teil aus dem komplexen Puzzle irischer Geschichte und Literatur der Unterdrückung und schärft unser Bild dessen, was tatsächlich geschehen ist. Ich freue mich sehr, die Rolle des Postboten spielen zu dürfen, der – wenn auch mit Verspätung und im Zickzackkurs – auftaucht und ein wahrhaft »schönes Wirrnichtspazzket« überbringt.

Einführung

Finn's Hotel: Die Geschichte Irlands des James Joyce

Eine Einführung von Seamus Deane

Finn's Hotel gehört und gehört auch nicht zur Welt von *Finnegans Wake*.

Es steht dem Großwerk in vielerlei Hinsicht nahe, und größere Teile davon gehen später in Entwurffassungen des *Wake* ein; aber es handelt sich im großen und ganzen um eine Abfolge getrennter und doch miteinander vernetzter Studien, komischer Meditationen über einen Zustand, den Zustand der *Letztheit* – der Hoheit über Wahrheit, Selbst, Liebe, Erinnerung, Gebiete, über einen Namen, der Hoheit über Buchstaben –, die ständiger Bedrohung ausgesetzt ist durch Zeit, Verrat, Auflehnung, Gerüchte und die am Ende übernommen (oder überrollt) wird durch die Andersartigkeit, die hervortritt, wenn diese Abfolge von patriarchalischen Prinzipien und Phasen erstirbt. Der Zustand der Letztheit geht stets in den Zustand der *Erstheit* über.

Die Joycesche Suche gilt einem Schreibmodus, der kein »Schreiben« im offiziellen, stabilisierenden Sinne ist – einem Schreiben, das einer Autorschaft entspringt, aber keineswegs eine Autorität für sich beansprucht, die abweichende oder gegensätzliche oder alternative Möglichkeiten unterdrückt. Historische Gewißheiten wechseln alternativ ab mit einem und werden kritisiert durch einen die Dinge ins Umgangssprachliche ziehenden, klatschsüchtigen Erzählstil, der die offizielle Darstellung – installiert durch eine Perspektive des Rückblicks – des tatsächlichen Geschehens unterminiert und konkretisiert. In letzter Konsequenz handelt es sich bei den Oppositionspaaren, die in diesen

Meditationen zum Ausdruck kommen, um den Gegensatz zwischen dem chaotischen Zufälligen und dem selektiven Organisierten: zwischen Erleben, das nicht von einer einzigen Perspektive zu kontrollieren ist, und Geschichte, die von der Sichtweise eines einzigen kohärenten Berichts dominiert wird. Der Disput – zwischen Königen und Untertanen, Männern und Frauen, geistiger und physischer Erneuerung, Einfarbigkeit und Vielfarbigkeit, Christentum und Heidentum, gälischem Mythos und englischer Geschichte, dem konkreten Datum (1922) und dem exemplarischen Datum (1132) – ist endlos. Immer ist da die eine oder andere »Erzählmeischichte«. Trinkerei, Religion, leidenschaftliche Formen von Keuschheit, Wörter, die brillant und beredt und doch verwirrend und uneingängig sind: das Stereotyp des Irentums wirft sich auf zu irischer Geschichte; irische Geschichte wirft sich auf zum Stereotyp des Irentums.

Der kleine Roman beginnt mit der Episode *Der irische Chinchinjoss*, einer Debatte über das Wesen von Erscheinungen, wie sie dem gestrauchelten Menschen erscheinen und wie sie den Erleuchteten erscheinen – den Druiden des alten Irland. Die eine Philosophie steht im Wettstreit mit einer anderen: Was ist das wahre Innere der Wirklichkeit, dasjenige, was offenbart wird, oder dasjenige, was verborgen wird? Eine irische Gründungsgestalt, Sankt Patrick, bekommt von Joyce die umgekehrte Rolle desjenigen zugeschrieben, der von Irland bekehrt wurde, statt derjenige zu sein, der Irland bekehrt. Seine Bekehrung besteht darin, daß ein pidginsprechender Bischof Berkeley, »Erzdruide des irischen Chinchinjoss«, ihn im altirischen Modus der Wahrnehmung unterweist, bei dem die vielfarbige und hochglänzende Welt (in der der äußere Schein die Wirklichkeit konstituiert) den Vorzug erhält gegenüber der monochromen Welt des Christentums und ihrer einen teleologisch definierten Geschichte. Die Handlung der Flüssigkeitsaufnahme ist es, durch die sich die Geschichte, wie Irland den heiligen Patrick bekehrt, vollzieht – wobei es allerdings um das Sicheinflößen von Wörtern geht, die (wie die Flüssigkeitsreste in der Episode *Das Haus von hundert Flaschen*) jenes Erbe der Farbenpracht darstellen, das Patrick nicht zu begreifen vermag und dem er doch zugeschlagen wird. Die Tatsache, daß diese kurze Episode zum Teil in Pidginenglisch abgefaßt wurde, unterstreicht noch zusätzlich den »eingeborenen« Status dieser irischen Theorie des Sehens und ihrer Wiedergabe in einer Variante der englischen Sprache.

Finn's Hotel konzentriert sich auf Momente oder Zustände, die von paradoxen Extremen charakterisiert werden: Sie sind abschließend *und* begründend (Schlüsse münden zurück in Anfänge); und sie sind hochspezifisch *und* extrem wirr und verwirrend. Die Episoden bedienen sich der irischen Geschichte als ihres speziellen Gegenstands und intensivieren entweder den Grad an Spezifizität durch gezielte Nutzung (und Abwandlung) von Namen, die einen starken historischen Beiklang haben, oder pfropfen ihr ganz im Gegenteil einen Grad an nichthistorischer Anonymität auf, der ausreicht, um Mythologien (von Mann und Frau beispielsweise) zu stützen, die umfassend genug sind, um alle Geschichten in sich aufzunehmen. Die Episoden sind voller Titulierungen, die solche Autorität implizieren – König, Ethnarch, Erzdruide, Imperator, Majestät –, doch sie demonstrieren auch durch ironische Wiederholung, wie diese Autorität entstanden ist. Als also Kevin von Glendalough in *Ein Märchen von einer Tonne* wieder auftritt (nachdem er in seiner ganzen Unschuld als »der kleine Fremdling Kevineen« in der Episode *Freundschaft mit Fischigen* seinen ersten Auftritt hatte), wird er mit seinem Namen ganz ohne Epitheton eingeführt; sodann wird er als fromm beschrieben, dann als heilig, als höchst heilig, als ehrwürdig, als höchst ehrwürdig, als selig, als höchst selig, als Sankt Kevin und schließlich als der selige Sankt Kevin, Begründer klösterlicher Keuschheit, bekuttet bis zu den Lenden, skrotumzusammenziehend im Wasser befindlich und »voller Inbrust über das Sakrament der Taufe oder die Erneuerung des Menschen durch Wasser« meditierend. Der Name sammelt Macht an, Epitheton um Epitheton, bis er schließlich gleichzeitig die Erfrierung der Lenden und die Segnung des Kopfes repräsentiert. Ein Moment der Repression und ein Moment der Regeneration fallen zusammen, und die Person, die dies in komischer Buchstäblichkeit verkörpert, niedergelassen in seiner Badewanne mit hochgezogener Kutte und eingetauchtem Hinterteil, erlangt in diesem Moment seinen vollständigen historischen Titel.

Auch ist die Zentralität Irlands als historischer Einheit in *Finn's Hotel* sehr markant. Die hier von Joyce praktizierte Handhabung der Themen, die sich um die Konstruktion der »Idee« Irland drehen – ein alles beherrschender Hauptgegenstand des nationalistischen irischen Diskurses, insbesondere in den ersten Jahrzehnten des zwanzigsten Jahrhunderts –, warf später ein Paradigma ab für die ausgefeilteren Entwicklungen im *Wake*. Weiterhin ist es sein erstes Prosawerk, das nicht Dublin als zentralen geographisch-historisch-kulturellen Tropus nimmt. Dies könnte von dem Umstand herrühren, daß Irland als politische Einheit im Jahr 1922 zum ersten Mal in der Neuzeit Realität wurde. Die Hauptstadt hatte nun endlich eine Vorrangstellung erlangt, die ihren Ansprüchen entsprach. Nun ist es nicht mehr die zweite Stadt des Imperiums, die siebte Stadt der Christenheit, auch nicht die entthronte Metropole mit dem gesellschaftlichen Leben eines zu groß gewordenen Dorfes.

Dublin hatte nun schließlich ein eigenes Land, dem es sich angehörig fühlen konnte; und wichtiger noch, das Land, das zuvor in der Joyceschen Erzählprosa als entfremdetes Territorium agiert hatte – eine Gegend »jenseits des Grenzpfahls« –, hatte jetzt eine Hauptstadt. 1922 war aber auch das Jahr des irischen Bürgerkriegs. Der neugegründete Staat war sogleich von Auflösungserscheinungen bedroht. Die neue Regierung reagierte auf die Bedrohung, indem sie Ende 1922 siebenundsiebzig Republikaner hinrichtete, darunter Erskine Childers, ein Verwandter eines der historischen Vorbilder von HCE, Hugh Culling Childers, unter Gladstone Schatzkanzler und Innenminister. Der Bruderkrieg bringt also den gewaltsamen Tod eines Verwandten eines der Verwandten des Jedermann mit sich; deswegen mutiert später in *Finnegans Wake* HCE zu Habet Chilndern Eberall. Der Krieg begann damit, daß Rory O'Connor das Gerichtsgebäude Four Courts in Dublin besetzte; das Jahr endete mit seiner Exekution ohne Gerichtsverhandlung. Der letzte Republikaner und der »letzte widergestählte König von ganz Irland«, die Zentralfigur der Episode *Das Haus von hundert Flaschen*, tragen den gleichen Namen und sind auf vergleichbare Weise berühmt oder berüchtigt, nämlich durch ihre Haltung gegenüber einem Vertrag, in dem es um den Besitz Irlands geht, und in Sachen eines Streits darüber, wem die Souveränität darüber zusteht. Innerhalb des Rahmens dieser historischen Symmetrien spielt auch ein Element der Zufälligkeit mit. Denn der alte König trägt in seinem Elend seinen »alten Roderick-Random-Aufsetzhut«, und die literarische Anspielung bedeutet eine gewisse Störung (allerdings nicht Negierung) der historisch-linguistischen Koinzidenzen, die Joyce sich zunutze machte, um eine Verbindung zwischen Roderick-Rory, »Herz von Midleinster und superbedeutender Herr über sie all«, und dem

Roderick-Rory, der »überwältigt [...] wurde vom schwarzen Ruin wie Schwamm aus'm Wasser«, herstellen zu können. Zudem findet sich der Verlust der Provinz Leinster, durch König Roderick an Heinrich II. im Vertrag von Windsor, wiederholt im Verzicht auf die Provinz Ulster, die gemäß dem Anglo-Irischen Vertrag an die britische Krone – also das Haus Windsor – fiel. Die Preisgabe territorialer Ansprüche in einem schriftlichen Abkommen, die Übertragung der Souveränität, der Riß zwischen Dublin und den Provinzen – all das wird in diesem Werk durch das Wirken von Namen, Titeln und Ansprüchen miteinander verflochten.

Finn's Hotel ist sowohl eine Weiterung des *Ulysses* als auch eine Vorwegnahme von *Finnegans Wake*. Wenn man aber die Episoden, Skizzen oder »Storiellas« thematisch als Exempel zum Thema Unterdrückung liest – wofür sich Sentimentalität und Verrat als Indizien auffassen lassen –, dann treten die Geschlossenheit und innere Verzahnung der Textstücke von *Finn's Hotel* am deutlichsten hervor. Zum Christentum des heiligen Patrick gehört auch eine Unterdrückung der »irischen« Welt des Sehens, wenngleich er in gewissem Sinne im gebrochenen Sprachduktus des Erzdruiden zu dieser Welt »bekehrt« wird. Patrick aber kann diese Sprache nicht verstehen, weil er selbst Werkzeug ihrer Unterdrückung ist. Der heilige Kevin unterdrückt sexuelle Energien im Wasser religiöser Regeneration. König Roderick unterdrückt die irische Vergangenheit und seinen eigenen Verrat, indem er sie in Alkohol ertränkt. Der Abdruck der Unterdrückung ist am Grad der Verstörung der Sprache der Erzählung ablesbar.

In *Der große Kuß* wird die Tristan-Isolde-Sage als keltisches Emblem des Verrats und des sexuellen Jubels neugeschrieben: das Liebesspiel von Tristan und Isolde wird neu erzählt in einer überhöhten heldenepisch-satirischen Spra-

che, die an Journalistenjargon erinnert (in dem der Liebesakt in Gestalt einer Fußballreportage parodiert wird), außerdem in der Sprache »romantischer« Literatur, etwa von Keats, Byron und vor allem Tom Moore, der die »sechs nationalbesten situationsangemessenen Gedichtzitate« beisteuert. Das episch-satirische Element kommt weiterhin in dem mit irischen Elementen versetzten Sprachduktus von Übersetzern irischer Sagen, Johannes Scotus Eriugena sowie irischen Tourismustextern zum Tragen. Ihr Liebesspiel wird schließlich von den Krächzern (den Quarks) der Seevögel bejubelt, die den gehörnten König verspotten. Dies ist die Tat, mit der Tristan »sich Namen machen wird und Mark!« (heute vielmehr Euro). Faktisch werden Tristan und Isolde hier für den Diskurs der irischen Nationalisten vereinnahmt; die billige und vulgäre Sprache klagt den Vorgang an, der genaugenommen zum Verrat einer Liebesgeschichte an seichte Rührseligkeit führt.
Bei denjenigen, die dazu verdammt sind, in historischen Begriffen immer wieder durchzuproben, was jene Sage vorgreifend vorwegnimmt, handelt es sich um die Four Masters – die »vier Wellen Erins« (was sich auch auf die vier folgenreichsten Invasionen bezieht: diejenigen der Kelten, der Wikinger, der Normannen und der Engländer) –, Repräsentanten aller Geschichtsschreiber Irlands, deren berühmte, im siebzehnten Jahrhundert kompilierte *Annalen* der Schwanengesang auf das unter dem nicht aufzuhaltenden Druck der englischen Invasion und Dominanz verschwindende gälische Irland sind. Wie in der Sankt-Kevin-Episode ist hier das Wasser ein Agens der Unterdrückung, Mittel der Invasion Irlands, dasjenige Element, mit dem das Fremde erst eingeladen wird und dann verleugnet und unterdrückt.
In *Die Stützpfeiler der Erinnerung* belauschen diese vier Evangelisten, geschlechtslose alte Männer, das Liebesspiel

von Tristan und Isolde und schreiben die irische Geschichte – mit Erweiterungen zur Weltgeschichte – neu als eine Abfolge fehlgeschlagener Versuche, mit verschiedenen Expeditionen zur See Land zu erreichen, angefangen bei der Gefangennahme von Sir »Arthur« Casement im Jahr 1132. Dies ist eine kabbalistische Zahl und ein strategisch gelegenes Datum in der irischen Geschichte, 700 Jahre nach der Ankunft des heiligen Patrick und 700 Jahre vor dem britischen Reformgesetz von 1832. Jenseits und einschließlich dieses fixierten Datums unterliegen Daten ebenso wie Namen und Orte aber der Fehlerinnerung: dafür hat das Meer, das alle Erinnerung auflöst, gesorgt. Die entkräfteten Geschichtenerzähler und Voyeure sind Trinker; ihre Münder wässern vor Sinnlichkeit und vor Senilität; und natürlich sind sie selbst Wasser: Wellen, die ihre Spuren hinterlassen werden, wie das Rote Meer seine Spuren in den Armeen des Pharao hinterlassen hat und bei Matt Kane, der bei Dun Leary (der Festung des Leary – jenes selbigen Königs Leary, der in *Der irische Chinchinjoss* auftritt) im Meer ertrank. Dies ist Geschichte, die sich als potentiell symmetrische Erzählung selbst zu schreiben versucht, wobei die abstrakte Stabilität von Zahlen unablässig zu Wasser zerfließt; Wasser wird zum Träger der Geschichte, Expeditionen wenden sich vom Wasser aus dem Land zu, Patrick landet im binnenländischen Tara, Brüder verwandeln sich in Schwestern, Männer in Frauen, und die Geschichten, die sich um sie drehen, in historische Kompilationen und diese wiederum in Populärhistorie und die wiederum in lokalen Tratsch und in Gassenhauer, wie die tragische Geschichte von Tristan und Isolde in eine zur Hälfte derbe, zur Hälfte den Klang gälischer Quellen nachbildende Feier von Sexualität und Fruchtbarkeit umgewandelt wird – und in ein Klagelied darüber, daß all das nie gewesen ist.

Das Haus von hundert Flaschen ist eine Art Abschluß: ein Ende, das gleichzeitig ein Anfang ist. König Roderick O'Connor, der »letzte widergestählte König von ganz Irland« (wobei allerdings nur wir um seine Letztheit wissen), gibt sein »letztes freies Abendmahl« und macht dann, nachdem all seine prähistorischen Vorgänger gegangen sind, die Runde und trinkt alle Reste aus ihren Krügen. Die Erzählung ist auf ihre korkenzieherhaft gewundene Weise eine historische Darstellung, die historische Darstellung eines Irland, das im historischen Sinne nicht Wirklichkeit wurde, bis Roderick lebte (oder starb?), denn Rodericks Verzicht auf die Souveränität über Leinster im Vertrag von Windsor des Jahres 1175 zugunsten von Heinrich II. führte nicht direkt zur Annahme des Titels »König von Irland« durch einen englischen König, bis 1542 (unter Heinrich VIII.); eines Irland, das mit der Geburt des irischen Freistaats in eine weitere erste Existenzphase eintrat; und eines Irland, das sich unter skandalösen und mühseligen Umständen damit über Wasser hielt, daß es sich von den aufgegebenen Hinterlassenschaften seiner früheren Bewohner und Eroberer ernährte – eine gleichzeitig übermäßige wie unzureichende Kost, die sich womöglich »auf beträchtlich mehr« summierte »als den besseren Großteil eines Viertels oder Achtels nach imperialem Trocken- und Flüssigmaß«. Während er die Überreste früherer irischer Geschichte trinkt, wird er einer historischen Rolle gerecht – mit einem Rückblick auf die frühen Invasoren und einem Ausblick auf die imperiale Zukunft. Vom Standpunkt des Historikers aus betrachtet ist König Roderick O'Connor der letzte König Irlands, bevor das Land in seine moderne oder säkulare Phase eintritt. Dieser ihm erst nachträglich beigemessene Status entzieht sich aber notwendig seinem eigenen Wissen, und sein Wissensmangel wird hier durch seinen ins Komische gezogenen übermäßigen Alkoholgenuß versinnbildlicht. In einem Sinne besteht sein »imperiales Maß« und dasjenige Irlands darin, imperialen Unterdrückern anheimzufallen; in einem anderen Sinne finden sich die wabernden Dünste der Vergangenheit in dem wilden, unköniglichen Gelage abgebildet, mit dem das moderne Irland sich selbst und seine vielen Versionen der eigenen Vergangenheit an einem anderen Wendepunkt der Geschichte reproduziert, nämlich 1922, im Jahr des neues Staates (und Jahr des *Ulysses*). Die lineare Version der irischen Geschichte – von der mythologischen Vergangenheit in die gälische Welt, von dort in die moderne imperiale Welt, von dort in die postimperiale Unabhängigkeit – überlebt, wird aber von Sinnbildern, Symbolen und Gerüchten so sehr überlagert, daß sie ins Flackern und Flimmern gerät und sich sehr mühen muß, über das vielfältige Material und die vielfältigen Möglichkeiten, wie dieses Material dargestellt werden kann, die Oberhand zu behalten.

Die primäre Joycesche Beschäftigung mit dem Verhältnis von Souveränität und Besitz setzt sich im *Wake* fort, doch in *Finn's Hotel* tritt sie deutlicher nach außen. Auf den Prozeß, wie ein Name zum Titel (und zum Anspruch) wird, kommt Joyce in der Episode *Hier Chauffiert Einjeder* zurück, die sich komplett mit dem Namen Earwickers, seiner Herkunft, seinem historischen Hallraum beschäftigt und auch mit seiner vollständigen Anonymität, insofern es nämlich ein Name ist und gleichzeitig eine Initialenfolge, die zugleich für jedermann und für ein Individuum steht: Humphrey Chimpden mutiert zu Humphrey Chimpden Earwicker, Haromphrey, H.C.E., dem guten Hirzock Umphrey und mutiert weiter durch »eine freundliche Wendung des Pöbelgevolks das ihm als Deutung dieser normativen Buchstaben den Spitznamen Hier Chauffiert Einjeder gab«. HCE ist souverän, solange sein Name und seine Identität fest miteinander verzahnt sind. Sobald aber die Gerüchteküche sich seiner bemächtigt, werden sein historischer, universeller Name und seine tatsächliche Identität voneinander gelöst: als Namenloser ist er ein Wanderer ohne eigenes Gebiet. Mit einem Titel ist er Souverän über »Lucalizod« (Lucan/Chapelizod), Irland und die Welt.

In *Ich poste euch zu* richtet Earwickers Frau eine Bittschrift an die Verehrte Majestät, um den Namen ihres Mannes – und die Buchstaben seines Namens – gegen die Unterstellung ungebührlicher sexueller Handlungen und andere Andeutungen und Anschuldigungen durch die Brüder McGrath (*mo gradh* = meine Liebe) zu verteidigen. ALPs Verteidigung wäscht seinen Namen rein und belastet ihn gleichzeitig. Durch ihre Heirat sind sie eins geworden; sie ist »A. L. P. Earwicker«; aber gleichzeitig ist sie verwitwet, und ihr Ehemann ist entweder der jüngst Verschiedene oder der »hingeschiedene Verkrankte«. Eva verteidigt Adam als jemand, der »rechtmäßige Geschäfte und Freuden« praktiziert: keinerlei Perversität liegt hinter seinem koscheren, traditionellen, von der Polizei gebilligten Verhalten verborgen. Den Brief besiegelt »Dame Anna Livia Plurabelle Earwicker« selbstbewußt mit einem »XXXX«, ihrem persönlichen Zeichen, das gleichzeitig ihren vierfachen Kuß darstellt. Geschichte ist eine Geschichte. Klatsch und Tratsch sind vielfältige Geschichten auf einmal. HCE ist ein Mann und alle Männer. ALP ist eine Frau und alle Frauen. Die Geschichte des sexuellen Fehlverhaltens ist als solche die Geschichte vom Sündenfall, verschleiert und doch zwingend, die simpelste aller grundlegenden Geschichten und doch die strittigste. Es ist eine Geschichte, um die schreibend gestritten wird. Schreiben ist eine Tätigkeit, durch die die einzige »Wahrheit« etabliert wird, Geschwätz und Fabel sind die

Werkzeuge, die die einzige Geschichte verkomplizieren und auf mündlichem Wege der Kodifizierung durch das geschriebene Wort ihre Autorität streitig machen.

Innerhalb des Unspezifischen operiert das Spezifische. Die Welt von *Finn's Hotel* ist eine Welt aus Zyklen identischer Abläufe, die durch geschichtliche Schlüsselmomente – oder scheinbare Schlüsselmomente – in Gang gesetzt werden. Joyce übernahm diese teleologische Sichtweise in *Finnegans Wake*, wo seine Figuren zu abstrakteren Entitäten – bloßen Zeichen – werden, die aber in ihrem »Gedächtnis« ganze Lebenszyklen mit sich führen, vorwärtsgetrieben durch eine bloße Handvoll in der Tiefenstruktur verwurzelter Tropen: Sex, Geschlecht, Autorität, Sprache, Ethnie, Alter, Beziehung und Ritual.

Die fast ausschließlich aufs Irische beschränkte Bandbreite der Verweise in *Finn's Hotel* erlaubt es uns, die Joycesche Faszination mit dem Schauspiel seines Heimatlandes in den Blick zu nehmen und dessen Kultur, die auf den Versuch zielt, sich selbst eine Identität zu definieren, indem sie die Geschichte nach Belieben ausschlachtet, indem sie ethnische Charakteristika bekräftigt, die sich in der Geschichte manifestieren, indem sie unerwünschte, von außen aufgezwungene Stereotypen durch genehmere ersetzt. Joyce hatte nicht direkt Anteil an dem mächtigen Wiederbelebungsprojekt des *Irish Revival*; vielmehr machte er es zu einem zentralen Gegenstand seiner Untersuchungen. Die Realisierung von Identität zielte auf die Begründung einer (irischen) Andersartigkeit; ihr Resultat war – was den eigentlichen Zweck unterhöhlte und zerstörte – die Reproduktion des Stereotyps: Gleichartigkeit, die zu Andersartigkeit umgeschrieben wurde. Trunksucht, sexuelle Repression, Herrschaft des Klerus, Unterwerfung unter Invasionen und die »Fremden«, Rebellion gegen Herrschaft, Verrat der

Rebellion, eine Theologie von Land und Landschaft, die zentrale Bedeutung der Schrift, die starke Präsenz mündlicher Rede, die Entwicklung sprachlicher Methoden zur Umgehung der Gesetze – all das sind Standardcharakteristika, die den Iren sowohl von anderen als auch von sich selbst zugeschrieben werden. Auf den Versuch, diese Merkmale der Unterdrückung in Merkmale der Befreiung zu verwandeln, richtet Joyce sein Augenmerk. Identität verdampft zum Stereotyp, noch während sie sich herausbildet. *Finn's Hotel* spürt diesem Prozeß in strikt irischer Begrifflichkeit nach; auf diese Weise erhellt das Buch rückblickend die früheren Joyceschen Werke und vorausschauend das *Wake*. Weil es noch nicht so synkretistisch und enzyklopädisch ist wie das *Wake* und doch weithin darin eingegangen ist, ist es gleichzeitig das Großwerk *in nuce* und ein bahnbrechendes, eigenständiges Werk für sich.

FINN'S HOTEL

I

Der irische Chinchinjoss

DER TOPSEITIGE JOSS-PIDGIN-KERL Berkeley, Erzdruide des irischen Chinchinjoss[1], erklärte sodann in seinem heptachromatischen siebengefärbten rorangelgrüblindigon Mantel Patrick, dem Bealbten, dem Stillen, die Illusiones der befarbenswerten Welt Josses, deren Mobiliar, vom mineralischen übers vegetabilische bis zum animalischen, gefallenen Menschen in bloß einem einzigen Widerscheine von den etlichen iridalen Gradationes des Sonnenlichts erscheine, jenem nämlich welchen jener Teil davon zu absorberen sich unfähig erwiesen habe; wohingegen für den innerlich die wahre Inwendigkeit der Wirklichkeit, das Ding wie's an sich ist, erschauenden Seher alle Gegenstände sich in ihren wahren Coloribus herwiesen, erglänzend von der sechsfachen Gloria des tatsächlich in ihnen aufbewahrten Lichts.

Mit anderen Worten, einem dieserweis entsiegelten Sehvermögen erschienen König Learys feurige Locken im Farbtone eines sauerampfigen Grüns wohingegen, um zu seiner sechsfarbigen Kostümierung fortzuschreiten, der safrangelbe Kilt Seiner Majestät den Ton gekochten Spinats zu haben, der königliche güldene Brusttorques den Farbstich krausen Kohls aufzuweisen, der moosige Mantel des Monarchen der Viridität von Lorbeerblättern zu gleichen, das gebieterische azurne Augenpaar einen Thymian-an-Petersil-Blick anzunehmen, das emaillierte indische Geschmeide von des Herrschers verwünschungskräftigem Ring einer olivenfarbenen Linse zu entsprechen, die Vielzahl der purpurnen kriegsvermehrten Prellungen in den Gesichtszügen des Prinzen wie von einem Sud Sennacassia uniform eingefärbt schien.

1 Im chinesischen Pidginenglisch bedeutet *Joss* »Gott«, *Pidgin* »Geschäft« und *Chinchin* »Anrede« oder »Verehrung«, daraus ergibt sich für *Der topseitige Joss-Pidgin-Kerl* der Sinngehalt »Bischof« und für *Chinchinjoss* der Sinngehalt »Religion« oder »Glaube«. – Weitere Anmerkungen wird es in diesem Buch nicht geben.

II

Freundschaft mit Fischigen

KURZ NACHDEM ER IN DIESES Tal der Tränen geschwommen ergötzte sich der kleine Fremdling Kevineen daran wannennachts mit dem Schwamm Schabernack zu treiben.

Als heranwachsender Jung unter dem Einflusse heiliger Religion welche ihm über seiner Großmutter der alten Mrs Jones' Knie eingeflößt worden erwuchs er immer fromm und frommer und gedankenversunkener wie zu jener Zeit weiß Gott als er vierzig Tage lang Ablasserei und zehn Quarantänen ausstoßend sich auf dem Teller mit Hammelbrühe niederließ.

Er hatte schlichtweg keine Zeit für Mädels und so Sachen und oftmals pflegte er zu seiner liebsten Mutter und lieben Schwestern zu sagen wie daß seine liebste Mutter und lieben Schwestern für ihn gut genug wären.

Von ihm wird uns fürderhin berichtet daß er im Alter von sechs einen Schulpreisaufsatz geschrieben über Freundschaft mit Frischwasserfischen.

III

Ein Märchen von einer Tonne

KEVIN WELCHER GEBOREN auf der Insel Irland im Irischen Ozean

zieht nachdem ihm das Privileg eines tragbaren Altars cum Bad gewährt worden gen Lough Glendalough zwischen Flüssen

wo der fromme Kevin allein auf einem Eiland im See lebt

auf welchselbigem Eiland, einer mit fünf Wasserläufen purifizierten Parzelle, ein Teich ist

in welchem ein Inselchen ist auf welchem der heilige Kevin eine Bienenkorbhütte erbaut deren Fußboden der höchst heilige Kevin bis zu einer Tiefe von einem Fuß ausgräbt

welches getan der ehrwürdige Kevin ans Seeufer geht und ein ums andre Mal die Tonne mit Wasser füllt welches der höchst ehrwürdige Kevin ein ums andre Mal in die Höhlung seiner Hütte entleert und hiedurch einen Tümpel erschafft

nachdem welches er getan der selige Kevin die Tonne einmal halb mit Wasser füllt welchselbige Tonne der höchst selige Kevin sodann mittig in den Tümpel setzt wonach Sankt Kevin sich die Kutte bis zu den Lenden schürzt und sich niederläßt, der selige Sankt Kevin, in seinem zirkumferenziellen Hüfttonnenbad

wo, Doktor Solitarius, er voller Inbrust über das Sakrament der Taufe oder die Erneuerung des Menschen durch Wasser meditiert.

IV

Issy und der Drache

WEGEN IHRES MITLEIDS gab es da Zeiten da sie sogar den verdammten alten Teufel persönlich bemitleidete der Dämonenpatience spielte nach seinem Mahl aus heißer Luft und sich mit seinen Asbestschlappen befächelte im Kühlraum in der Hölle.

Wegen ihrer Barmherzigkeit traf sie eines Tages als es niesekalt war ein Bettlermädchen im Park und trat, da sie kein Kleingeld bei sich hatte, hinter einen Brombeerstrauch, streifte sich ihren beblümten Unterrock ab und gab ihn dem Bettlermädchen das sogleich verschwand (es hatte sich in Wirklichkeit um die Heilige Dympna gehandelt die die Zurschaustellung von Armut mit Absicht vorgenommen) und der Unterrock mit ihr.

Bei anderer Gelegenheit war da eine Seuche verursacht durch einen gewissen Drachen welcher sagte sie würde ewig währen es sei denn sie zöge all ihre flotten Klamotten aus und spazierte rings um Irland herum, ihre linke Hand gen Meer gewandt. Also tat sie dieses, aber sie ließ sich am ganzen Körper grün anmalen soweit Mutter Natur dies erlaubte. Und sobald sie das Stöhnen der Feen vernahmen welche davon kündeten daß sie unterwegs, befiel jedermannen die Schwäche des Todes und jedermannen zogen alle Blendjalousien in Irland herunter. An Ort und Stelle bekam der Drache etwas von den großen reinen Idealen in den Griff und konvertierte und trat in ein Kloster ein.

Sie konnte zwei Dinge zur gleichen Zeit tun, Hackfleisch kochen und Harry Coverdales Brautwerbung lesen, nur bisweilen geschah's wie sie wohl was studierte wie an dem Tag weiß Gott da sie sich in dem Teller Suppe niederließ.

Und flahoolagh, gesegnet sei ihr hübsches Gesicht, Cocktails hatte sie geschüttelt, ungelogen, für Pistolerers, Waffenschützen, Parabellumiten und Munitionierer aus jeglicher Baronie in Irland.

Wegen ihrer Besonnenheit beließ sie stets den Schlüssel ihres Kleiderschranks im Schloß ihres Kleiderschranks, den Federkiel des Tintenfäßchens im Hals des Tintenfäßchens und das Brot auf dem warmen Tische. Niemals gingen sie verloren. Und niemals wurde bei ihr eine Lüge herausgefunden. Kein dummer Dussel war sie.

Wegen ihrer Gelehrsamkeit in Erde wußte sie daß Italien ein Knobelbecher war, Indien ein pinker Hammelschinken und Frankreich ein Flickenteppich, und sie kriegte die Landkarte Neuseelands hin, Nord- und Südinsel, ganz allein. Wegen ihrer Gelehrsamkeit in Bio wußte sie Lamm, Lamm ein junges Schaf zu kennen.

Wegen ihres Liebreizes wußte sie ihre Beine in nackten Strümpfen unter einem möglichst geraden Rock zu inszenieren in diversen Stellungen à la Gutmensch Aschputtchen, Tante Nance, Stiefleiter, grüne Erbsen, Stellacometa, Liebmichbißchen, Lustigtoastig, Loverlievchen, Liebmichlang.

Wegen ihrer Gesundheit bekam sie allein im ganzen Haus die Masern als sie noch ein Flaschenkind.

Wegen ihrer Hauswirtschaft reinigte sie den Schornstein indem sie eine Irish Times in Brand steckte und diese blakend den Kaminschacht hinaufschuuhuuchte und wischte sie den Flur indem sie ihren nassen Regenschirm und ihre Kautschuckgaloschen triefend offen in die Ecke stellte.

Gott sie hatte ein gutes Stück Gehtnichtgibt'snicht am Leibe, Gott das hatte sie.

Wegen ihrer Frömmigkeit schickte Gott jeden Tag ihr einziges kleines Gebet zur Erden hinab, ihre fünfsekündliche patternostrige Nachtandacht und -fürbitte, welche wie folgt getollt:

Unsweiter Fartnevin
veralibiwerdername
reichkomm
übelleschehe
innevin ferden.
Tlichtbrot giheuticht
gibschürz
auwir pelzgeben
unschürzigen
führensnich inzwei Verzuckerüben
lösigvom Bösen
Männ.

V

Der große Kuß

SO LANGSAM IHR SCHIFF, die Stille Tod, derweil die See schwach, auf dem Antlitz der Wasser bewegte mit freundlicher Genehmigung Gottes jen' ansehnlich salzlakenverbrühten Sechsfüßergälischen, Rücker- und Soccermeister und das Echtschönchen von Lucalizod recht charmant in ihrem ozeanblauen Brokat mit irissen Blütenblattärmeln und einem Überkleid von Netz verflickt mit Gold gar wohl den neusten Modeschaun vorweg häselherzten fabelhaft bei Dunkelheit währendst sie sichelbst dissimulierten auf der achtzehnzolligen Liebesbank hinter dem Hüttchen der Chäuptlängeß Stewardeß währendst er zugleich mit linker Rechtbehendlichkeit abwechselnd vorn und achtern, an und abseitig ihre greifbarlichen Rugby-und-Assoziations-Knöllchen rechtsundlinkshändelte. Sie gab nach einem Hüsteln sodann murmelnd deutlich Befehl aus betreffend tuutsweet wenn's ihm nichts bitte ausmachte einige wiewohl nicht gar zu viele der sechs nationalbesten situationsangemessenen Gedichtzitate, so lang's ein zwei Strich überhalb von ein feines Nächtchen ist's und dorten der Mond scheint helle und dergleichen war, dieweil nämlich in dieser Angelegenheit plane Tatsache war daß es sie als naturbegabte Liebhaberin von Natur mit allen ihren Stimmungen und Sinnungen, im Lichte des Mondes, des silbrigen Mondes, zu lenzen gelüstete bevor sie honigmondküstete und zur nämlichen Zeit zu trinken in langen Fischzügen vom reinsten Frischmeer die Lüfte sehr heiter und zu schwelgen in der freien Natur. Jener der reinen Schönheit verschworne

Mund der Mampfwegzeuge vortrug ihr sogleich ein lieblingslyrisches Blumgebinde glockenklar in jambischem zehnsilbigem Hexameter:

– Rollzu dutief undunst unddunk blauo Zeanrolln!

Herrin, es war grad zu prächtig, das ganze Geprange. Das Meer, von reizender Tönung ausgeschmückt von den besten Zaubern der Natur, mit seinen feingesitteten Wellchen (all die dreckigen scheußlichen Rüden aus der Nachbarschaft von Belfast und Lagan Lough waren sehr ordentlich in Kabüffchen weggeschlossen) sah wahrhaftig fürchterlich hübsch aus zur mittigen Stunde der Nacht und insbesonderiger er welcher entschieden der rechte Mann am rechte Platze war und die Wetterbedingungen hätten besser nicht sein können. Gelobet sei das Meer so frei. Ihre Rolle war's weiterzurollen aufdemdunk blauo Zeanrolln das weiterrollte rund um das Rundgeroll welchs Robert Roly rundweg rollte. Atemberaubende Schönheit, Irlands Hübscheste, tat sie nichts als starren alldieweil aus seiner Höhe von einem Yard einhundertundzweiunddreißig Linien seine Tiefseespäher starrten O starrten O starrharrstarrten immer hinein in ihre dunkblau rollnden Ozeankullerchen.

– Vieldank so sehr, seufzte sie, erregt von jenem oliven Pochen seines nackten Nackens, und ebenviel so sehr für das winzige Zitat. Es machte vielalles zusammen sozusagen so viel entzückender. Wie absolut süß von Dir!

Amourös wie nur irgendetwas, stieß er, Rosenknautscher, Bebenmacher, Seufsbefeurer, nachdem er vorgängig seinen Kehler von jenem kitzligen Frosch im Hals dephlegmatisiert hatte, während sein nützlicher Arm an der Seitenauslinie scharf südlich ihrer westlichen Schulter zu Werke ging, das, was folgen sollte, mit gewaltiger Leidenschaft aus seinem überkandidelten Kehlkopp aus:

– Isolde!

Ah, wenn sie da nicht will!

Vermöge Anhebung von Auglidern ihrm geschätzten Kühlun 'tgegen datt sie angedeutete Ersehnerung weiterer Erklärung anverlangen.

Er war instand und er erklärte:

– Isolde! O Isolde! Schwester Seel und Hand! Wenn sir Tristan diraufhinso binnokuliert sein allermeist unbewißliches ego höchst unterbewußt sinniert die Deprofundität multimathematischer Immaterialitäten wohindurch im pankosmischen Trieb die Allimmanenz Dessen Was Selbst Allein ist sich auf dies hier unsrer Ebene exteriorisiert in unvereinigten festen, flüssigen und gasförmigen Körpern in perlweißen leidenschnaufenden Eingebungen wiedervereinigter Selbstheit im höherdimensionalen selbstlosen Allselbst.

Hör, O hör, all ihr Rufer hering! Stille sei, O Moyle! Milchestraß, trüb Licht streu!

Gerad hier passierte eine feine Sache. Als ihre flitternde Hand aus reiner Zerstreuung möglicherweise jasminierlich im justament rechten Augenblick sein Duckenheim geschlossen hatte tat das lebhafte Mädchen, taub vor Liebe, (Ihr kennt sie, dies Engelsgeschöpf, eines der unvergänglichen Wunderweiber der Leidenschaft! Ihr schwärmt sie an! Ihr liebt sie zudem bis zum Tode!) mit 'nem seltsam kleinen Schrei seine ihre dann ihrerbeider unvereinigten Lippen wiedervereinigen als die güldstige Gelegenheit seines Lebens so flink wie geschmiertes Schweinsleder zungeschmeckend der armorikanische Champion mit einem einzigen virilen Schmetterstoß den Vormarschbotschafter der Liebe flott durch die Doppelreihe von eburnischen Stürmern gradklingbumsschoß in das Tor ihrer Gurgel trieb.

Nun, ich leg's dir einfach dar wie ein Mannorfrau einandran, was zum dingsedida Dräumeln tust du wohl beispielsweis offenraus vermuten daß sie, eine strapsende junge moderne alte vergangene irische Prinzessin, wohl gute achtzehn Handbreit hoch und neun Stone zwölf Sattelplatzgewicht auf die Waage bringend in ihrem Madapolamkittel mit nichts unter ihrem Hut als rotes Haar und massives Elfenbein ganz zu schweigen von 'nem erstklassigen Paar von Schlafzimmeraugen von höchst unheiligem Haselnußbraun sich in jenem genauen psychoanalytischen Augenblicke aus dem langweiligen alten König Marke machte, jenem langweiligen alten milchlosen Widder mit seinem langweiligen Pflichtgepicke und seinen Bronchialschläuchen, dem langweiligen alten Uhranguhtan-Biber in seinen langweiligen alten karierten Zweiundzwanzigundsechspennyschäfershosen? Nicht soviel wie 'ne Prise Hühnerscheiße und das ist nun wirklich die gemeinste je bekannte Sache seit Adam bei der Burschenmarine war. Nein, weiß der Himmel, weit gefehlt, wenn die ungeschminkte Wahrheit erzählt werden muß beim allerersten Rotwerden liebverschlang sie liebendlich ihres Amerikaners tschweckigen Propeller und beide zugetter im leisenschärfsten Wetter machten sie sich all davon und ein Lullilieben ein Zittern mir stirb mir stürmisch O woraufhin, im Glauben an Sicherheits Vorrang, bevor die Vorschriften zehn Sekunden aufgebraucht der schwankelmütige Bretagne seinem weitbreitbekannten zündkerzigen Würgegriff erlaubte sich zu lockern und vorsichtig das Werkzeug rationaler Rede von der Prokathedrale amouröser Verführlichkeit zurückzog.

– Ich bin richtig froh dir in den Haufen gerannt zu sein, Tris, du Faszinator du! sagte Miss Erin sobald sie sich freigewonnen, zugleich ergötzlich lachend vor grübchenbildender Wonne, wo sie doch so fürchterlich verbockt war durch ihr befriedigendes Erlebnis der Liebesumarmung durch einen höchst kontinentalen Wuchtzeitler seinesgleichen er eines hübschen Gesichts besaß welchs anzusehn wohl verlohnte mit einer interessanten Talgfärbung von welchem große Dinge zu erwarten standen als Filmstar denn sie begriff voll und ganz daß er augenscheinlich auch im Dichtkunstressort eine Allbekanntheit war denn nie sah er sie eine Orangenlimo trinken ohne daß er sich erbot ihr einen Suppennapf zu bringen und um die lange Geschichte kurz zu machen ihn im Großen und Ganzen als einzigsten Jungen ihrer Wahl zu begreifen bedeutete ihr justament in dem Moment ein und alles, ihr Musterexemplar eines Wahrenmädelfreunds mit rotem Blut in seinen Adern weder großhäßlich noch kleinfein.

Über ihnen kreischten die Geflügelten schrille Freud: Seegreif, Seemöwe, Brachvogel und Regenpfeifer, Turmfalke und Auerhuhn. Alle Vögel des Meeres sie trollerten es geradekecks heraus als sie den großen Keuß von Treustan und Eusollde schmeckzten.

VI

Die Stützpfeiler der Erinnerung

DIE VIER WELLEN ERINS hörten ebenfalls, gelehnt auf die Stützpfeiler der Erinnerung. Nach vier hoch angesehenen alten Damännern sahen sie aus, aufgetakelt für den Anlaß in seidigglänzender Feiertagskluft, grauer halbhoher Haube, dazu passendem maßgeschneiderten Bratenrock, Fadengläser und so fort, wißt ihr, um alles in der Welt, das Salzwasser einmal beiseite gelassen, dem vierten Viscount Powerscourt ähnelnd oder North dem Auktionator auf der jährlichen Pferdeschau der königlichen Dubliner Gesellschaft.

Sie hatten ihren Teil zu sehen gekriegt: die Ergreifung von Sir Arthur Casement im Jahre 1132, die Krönung Brians durch die Dänen in Clonmacnois, das Ertrinken von Pharaoh Phitsharris im (proleptisch) roten Meer, das Ertrinken des armen Matt Kane aus Dunleary, die Versprengung der flämischen Armada vor den Küsten Galways und Longfords, die Landung von St. Patrick in Tara im Jahre 1798, die Zerstreuung der französischen Flotte unter General Boche im Jahre 2002.

Und solchermaßen war ihre Erinnerung daß sie zu externen Professoren an die vier Hauptsitze der Gelehrsamkeit in Erin berufen wurden, die Universitäten von Killoderkur, Killsieall, Killeinander, Killkelly am Boden, wohinnen sie vier Mal wöchentlich Vorlesungen radioübertrugen über die vier Modi der Historie: Vergangenheit, Gegenwart, Abwesenheit und Zukunft.

Salzseewitwer alle vier, waren sie schon vor vielen Zeitaltern summarisch geschieden worden von ihren jeweiligen Ehemänninnen (von welchen sie sich in bestem Einvernehmen getrennt hatten) durch ein rechtskräftiges Scheidungsurteil, erlassen durch Mrs Richterin Quetschmann am Gerichtshof für verheiratete männliche Missetäter in Bohernabreena, erstens wegen Ineffizienz beim Einehanddieandrewaschen, zweitens wegen des Fahrenlassens von Hinterwinden ohne vorherige schriftliche Antragstellung auf gestempeltem Kanzleipapier, drittens wegen des Versuchs hunnischer Aufdringlichkeiten nach einer Mahlzeit verfaulter Krebse, viertens aufgrund einer allgemeinen Neigung der Haltung. Wiewohl das gar so lange her war, konnten sie doch immer noch mit einer Erinnerungsanstrengung und indem sie penibel die vier immergrünen Perlmutterknöpfe am Hosenlatz ihrer Knickyböckchen zählten den Namen der vier schönen Schwestern Brandungsbräut heraufbeschwören welche eben in diesem Momente durch die Vereinigten Staaten von Afrika tourneeten.

Freilich waren sie wiederum geschäftiglich, verlockt von der unsterblichen Rose weibleiblicher Schönheit. Oftmals pflegten sie tentakelartiglich mittschiffs um die Northwall- und Holyheadboote und die Touristendampfer zur Insel Man herumzuhängen, dabei mit glaukomatösen Augen durch die kataraktischen Bullaugen von Flitterwöchnerinnenkabinen oder die Toilettengemächer von Salondamen hindurchspähend. Als jedoch diese vorbesagten Knilche, die Vier Wellen Erins, die Detonation der Oscußlation vernahmen (katastrophischer Kataglottismus) welche mit Ostentation (osculum cum basio necnon suavioque) Tristan der Isolde verpaßte, da erhoben sie um Irlands Gestade ringsumher das Wehklagen des Geplanxty alter Männer.

Hochlobsangen die ältlichen Wellen Erins in vierstimmiger palästrinischer Melodie, vier für allesamt, allesamt eins im Gleesang des Schmerzes der Einsamkeit des Alters jedoch mit bardischen Freiheiten, waren da doch an Vögeln und Sternen und Lärm gar recht hinreichende Mengen im Schwange. Dieses platschte ihr Wellensang:

Ein vogelloser Himmel, Seedämmer und einz'ger Stern,
Tief westerlich
Und du, armes Herz, der Liebe Abbild, fein und fern,
Entsinnest dich.
Ihrer seekalten Augen und ihrer weichen schaumweißen Stirn
Und des Haars mit ihren Düften,
Fallend wie durch die Stille fället fern
Die Dämmerung aus den Lüften.
A warum wollest du
A warum wollest du dich dieser entsinnen,
A warum,
Armes Herz, denn quesen,
Wenn die teure Liebe, von ihr gewährt unter Seufzern stumm,
Doch nie die deine gewesen!

VII

Himmelwärts zum Sternchenruhm

ISOLDE, deren langberühmte Wimpern seine weit und breitberühmte Wange schmetterlingküsselte, spürte ihn süßer als Kirsch oder Pflaume, als Kandisküßchen oder Liptons Früchtekuchen, als das Weißdorntälchen in den ersten zwei Maiwochen, als die famoseste Kapellmusik im Gange, als Liebesschlummer trunken tranig. Sie murmelte schönschönaugen:

– Mein Teurer, seit wir zuletzt voneinander geschieden scheint mir war ich unablässig in deiner Gesellschaft, selbst wenn bei Nacht ich meine Augen schloß. Unablässig sehe ich dich, höre ich dich, treffe ich dich an verschiedenen Stellen, so daß ich mich zu fragen anfange ob meine Seele wohl nicht im Schlaf meinen Körper verläßt und auszieht dich zu suchen und was mehr ist gar zu finden, oder womöglich ist dieses nur eine Phantasterei. Sag's mir, Daniel, mein teurer Liebling.

Er, ihr weißhaariger Landser, Held von zig Zusammenstößen, Träger des Ovums, Küsser von Hunderten, Stopper von Tausenden, Ejakuleerer von Kannenfüllen, schnüffelte lautlich, seine nasale Stimme in einen befremdlichen untauglichen Dropkick verfallend, folgendermaßen; in der Sprache der Diplomatie:

– Mais bourquoi es-tu andrée dans mein fie, Henriette? Je groyais mon âme déjà morte.

Sie hob ihren Kopf, ihre Augen in höchstem Maße befriedigt. Denn nunmehr begriff sie ganz gar aus seiner Persiflage daß er Liebessklave lebenslang war, daß sie diejenige welche war und nicht jener mausgraue Mop gelockter Vogelscheuchigkeit, Kateagnes Halloran.

Er, der Gentleman, war traumerklößsicht. Zuerst ein von Verdauungsstörungen gemarterter Märtyrer, war er anfällig für Hämorrhoiden herrührend vom Rumsitzen auf Steinmauern während er sich an der Schönheit der Natur ergötzte und über alles solches hinweg als er sich einen störrischen Husten zuzog hatte er auf den medizinischen Rat von Dr Codd hin tägliche Trünke mit Extrakten von Weidenrinde gekippt um die hibernische Grippe fernzuhalten. Mit fiebriger Blässe, welche das Wirken hoher See auf einen abstinenten Magen anzeigte, machte er die heiligen Geister seiner Grundstudiumsliebschaften aus, Henriette rittlings auf dem Heuhaufen, Nenette de l'Abbaye hinter der Schankstubentür, Marie Louise reinstes Zuckerzecken, beduselte Suzanne catch as catch can, und, Laster not least, die rauhbeinige Haushälterin des örtlichen Gemeindepfarrers. Gruselterhaft früherliebäugelte er sie mit schwarzrandiger Miene.

– Lächelnder Johnny, ersuchte sie gynelexikalisch, migst du dir aus miimiir wenigstens ein wiinzig Bürstchen?

Liedlos und teilweis selbstwürgend versuchte er zu entgegnen:

– Lady, ich bin's nicht würdig. Wenig weißt du um die Vergangenheit eines Mannes. Warum wurden wir an zwei verschiedenen Orten geboren? Zu welchem Zweck sind wir uns begegnet gestern sozusagen? Warum diese Würgerei, dieses Verlangen nach einem *bonum arduum* im Unterschiede zu einem *bonum simpliciter*? Magst du einen Anteil meines gespaltenen Herzens annehmen? Wehwegweh, ach, nach dem Tode in, mit, zugunsten und wegen meiner Wohlgeliebten verlangt es mich stumm.

– O, kann dies Geschnulz, du laß, mein eigen Liebemann muß solchermaßen nicht faseln, antwortete die kesse Mieze ungeduldig nach ihrem geduldigen Warten das verdammte alte Festessen aus verkokelten Lendenkoteletts und nichtnoblen Kartoffeln hindurch wo jedermann von der Suppe bis zu'n Nüssen nur von Lendenkoteletts und Stampfmurphys und dem Schweinarsch und Kohl vom Vortage geredet und sagten sie es wär vorher noch kein Fleck wieder auf dem unterschaligen gekochten Rindviehfleisch vom wiederumigen Vorstewtage gewesen und der Schmorbraten mit patagonischen Eisenkrautkohlrüben und gleichfalls nichtnoblem Blusenkohl ohne das kleinste Bissen Appetit wo eine einfache Flasche Porter und ein Stachelbeertörtchen sie doch bestens abgefertigt hätten. Liebe wollte sie, die größte verfügbare, wahre neue blinde bodenlose hochgeschwindige überwältigende torkelmenschlichkeitne Höhlenmannsliebe auf den ersten Blick, das universelle Superjuwel, zu welchem Zweck sie ihn wiederum küßte und er, der er ein angeborener Gentleman war mit einer Gabe des Errötens wie des Backgammons, konterküßte weil es seine in diesem Leben einzige Maxime war daß wenn eine Dame, nur so zum Beispiel, zufällig eine Libido auf einen Bissen von einem Happen Stilton-Käse hatte und er, nur somal angenommen, zufällig ein Viertel von einem Pfund oder so füßelgrünen Gorgonzola in der Tasche hatte, na daß er dann schlichtweg seine Hand in die Tasche steckte, wißt ihr, und na daß er ihr dann schlichtweg den Käse reichte, seht ihr, daß sie einen Bissen davon abnahm. Freilich, zuerst und zuvörderst, bevor er ihr Dreieck prüfte um zu testifizieren ob sie wie die Zeitungen berichteten eine *virgo intacta* war, fragte er ob sie jemals klammheimlicher Unzucht mit oder ohne Verhütungsmittel gefrönt habe.

– No, nein, niemals in Gotts Welt, unschuldig wie der ungetriebene Schnee, schwor seine beinahige Tante während sie sich an jene seine große linke Schulter heftete. Beim Axspalt meiner Kerbe! Beim Haar meiner allerliebsten Eltern! Beim unverbrüchlichen Tau des Ben Bulben! Beim süßwäßrigen Pullan-Hering! Kein Plünderer hat jemals seinen Fußabdruck hinterlassen auf, jemals erschaut die hundert Wunder von meinem Unterland.

Ihr kummervoller Umarmer deutete auf das siderische Heer. Auf diese ließ er sie schwören, diese welche waren und sind und sein werden, die schweigend säenden, die schlagkräftig scheinenden, die fatzkehaft funkelnden, unser wahres Zuhaus und (wie er uranographisch anmerkte) die Laternenlichter von Liebenden im Jenseits.

Hinauf gafften sie, himmelwärts zum Sternchenruhm, während in seines Mädleinchens Ohr dieser liebelose Liebhaber, sündelose Sünder, hauchte:

– Wie gentlemanlike ich bin, Issy. Niemals verletze ich die Gefühle anderer.

– Und, Tris, welch natürlich süßes Wesen das meinige ist, ist's so nicht?

Es war nicht direkt irgendwas was er sagte oder es war nicht irgendwas was er tatsächlich tat aber trotz alledem war etwas an ihm etwa wie die Art und Weise wie er ständig seinen Finger in seine Hosentasche steckte und ihn sich dann ins Auge steckte wie ein geborny Baby, der große klobige Lümmel, oder die einmal sie ihr lütti lütti Tascheltuschel fallenließ und die Art und Weise so anmutig wie er es aufhob mit seinem beinäheren Huf und es so artiglichtig auffüßelte zu ihren lütti lütti Knübbelers. Sie war zährreißend.

– Mach dich augenblicklich davon, brüllte sie, du Abschaum!

– Ausgezeichnet, sagte er, du scheußliche Schlampe.

Er verabschiedete sich auf französisch von ihr und zirkulierte wie geheißen. Bevor noch viele Augenblicke verstrichen entließ sie ein Pfeifen. Hörend wie sein Name gerufen brach er höchst scharfsinnig sein Herumgeschreite ab und wandte sich ihr zu, sein Blick nunmehr von Zielstrebigkeit gezeichnet zu sagen schien:

– Verfluchet deine stinkende faulige Seele zur Hölle, du Stück, und alles zu dir gehörte!

– Nein, komm zurück, liebäugelte sie. Vergiß mich nicht. So sehr tu ich dich wollen.

– Es ist ausgezeichnet, sagte ihr fastschoniger Neffe.

Nachdem er bereits eingehalten, drehte er um und zirkulierte in entgegengesetzter Richtung und blieb sogleich vis-à-vis seiner schonbaldigen Tante stehen welche ihn willkommen hieß als sie sagte:

– Wie edelmütig du auf unseren Anruf reagiert hast, du Treuer.

VIII
Das Haus von hundert Flaschen

DANACH ALSO JEDENFALLS um jenen lange von zu berichtenden Zusammenkommtag zum Ende zu bringen, das Jubiläum seiner ersten heiligen Kommunion, nachdem jenes selbige Barbecuefestessen ganz vorbei war tat der arme alte gastfreundliche König Roderick O'Conor, der allerhöchste hauptsächliche Polemarchtling und letzte widergestählte König von ganz Irland, welcher irgendwas wie du selber sagst zwischen vierundfünfzig und fünfundfünfzig Jahre alt war zu jener Zeit nach dem sogenannten letzten Abendmahl das gewaltig er gab jenen Malzrittern und Bierknechten in seinem schattigen Hause der hundert Flaschen, oder zumindest war er nicht wirklich der damals letzte König von ganz Irland bis auf weiteres aus dem ziemlich guten Grunde dass er immer noch so wie er war selber der rausragende König von ganz Irland war nach dem letzten vorragenden König von ganz Irland, dem einstmaligen ulkigen alten Obren der ihm vorausging, König Art MacMurrough Kavanagh der mit den Ledergamaschen, nunmehr unbekannten Verbleibs, Gott gebe Schutz seiner generösen Seel, welcher ein erwildertes Federvieh in des Armenmannes Pott plazierte bevor er sich auf seine Arschtratze bettete mit dem weinenden Ekzem auf Gedeih und Verderb bis daß er desungeachtet hinging und starb im Jahre da der Zucker knapp war und er selbst herunter auf drei Kühe was ihm Fleisch und Trank und Hundekunft und Gewasch war, 's ist gut weil wir uns dessen zu erinnern haben, irgendwie, wart bis ich's dir erzähl, was tat er der arme alte

Roderick O'Conor Rex, der verheißungsvolle wasserdichte Monarch von ganz Irland, als er sich ganz allein für sich wiederfand in seinem grandiosen alten historischen Haufen nachdem sie all davongegangen waren mit sicheinander so gut sie konnten hoch zu Fuße in erweiterter Ordnung einen Baumweit vom längsten Ausweg, die Schaltrückwärtsstraße hinab, die unbedeutenden Parthalonier mit den modrigen Firbolgs und den dumpfbackigen Tuatha de Danaan und dem ganzen Rest der Nichtvieler und anderen übeltrünkernen Vorörtler die ihn keinen königlichen Spuck aus seinem augenscheinlichen Munde scherten, nun, was meinst du was er tat, Sir, aber ganz faix tat er einfach hackklabastern durch den Weinschütt und wurmstichige Poppkorken hindurch die knietief um seinen eigenen königlich runden radaulichen Zechertafeltisch herum waren, mit seinem alten Roderick-Random-Aufsetzhut in Schräglage auf sich drauf, Körper würdst bedauern ihn, wie die Welt nun mal ist, der arme, Herz von Midleinster und überragender Herr über sie all, so überwältigt er wurde vom schwarzen Ruin wie Schwamm aus'm Wasser und ganz allein für sich singend durch seine von den majestätischsten Rülpsern unterstärkten alten Tränen Ich hab ganz fürchterlich ürchterlich viel zutun heutzutag zutun heutzufürchtertag, nunja, was tat er gehn und überhaupt andres tun Seine Höchst Ausgelassene Majestät König Roderick O'Conor als, arrah verdammals, zu vollenden indem er seine wollene Kehle herabließ mit wunderprächtgem Mittnachtsdurst wo auf ihm lastete wie Senf so kühne und geh mir doch wenn er da nicht sicher doch aufleckte wie ein Trojaner, in einigen speziellen Fällen mit dem Beistande seiner vielverehrten Zunge, was da an überschüssigem Fusel, sorra viel, übergelassen worden war von den faulen Lausern auf den verschiedenen Böden der diversen verschiedenen nachverschenkten Trinkutensilien welche dort an Ort und Stelle hinter sich zurückgelassen worden von den hingegangenen ehrenwerten Heimgehern, wie es sich ergab, ganz gleich ob's nun chateauabgefülltes Guinness's oder Phœnixbrauerstout war oder John Jameson and Sons oder Roob Coccola oder, was das betrifft, O'Connells berühmtes altdubliner Ale nach dem ihm höllisch als Notfallreserve verlangte, in etlichen verschiedenen Quantitäten und Qualitäten welche sich, möcht ich sagen, auf beträchtlich mehr summierten als den besseren Großteil eines Viertels oder Achtels nach imperialem Trocken- und Flüssigmaß.

IX

Hier Chauffiert Einjeder

WAS DIE ABKUNFT von Harold oder Humphrey Coxons Agnomen betrifft und um ein für allemal diese Auffassungen älterer Quellen abzustreifen, die ihn mit solch kardinalen Vorfahren wie den Glauen, den Brauhen und den Earwickern von Sidham im Bezirk von Mannheit zu verbinden oder ihn als einen Nachkommen von Wikingern auszugeben trachteten, die Herrick oder Eric gründeten oder besiedelten, die beste verbürgte Version besagt daß es solchermaßen war. Wir vernehmen wie es geschah daß eines hitzigen Sabbatnachmittags im vorfälligen paradiesischen Frieden der große alte Gärtner, gleich dem kohlenen Cincinnatus, den Tag gewann, indem er im hintern Garten des althen Marinhotels seinem Pfluge um Wurtzeln nachging, als ein Läufer von Königlichem kündete dem es gefallen habe sich an der Hauptstraße einzuhalten die ein Fuchsrüde entlanggeschwärmt war. Ohn Gedanken an etwas anderes als seine schiere Lehenstreue dem Ethnarchen gegenüber, hielt es Humphrey oder Harold nicht bei Joch oder Sattel sondern heißgesichtig wie er war strauchelte er hervor (sein schweißiges Tuch hing lose vom Taschenmantel) zu den Vorgerichtshöfen seiner Kreise in Tropenhelm, Sattelgurt, Knickerbockern und Bulldoggstiefeln die mit rotem Mergel eingefärbt waren, mit seinen Schlagbaumschlüsseln klimpernd und inmitten der starrenden Pieken der Jagdgesellschaft eine Hühnerhochstange emporhaltend an der ein Blumentopf befestigt war, erdseits nach oben. Seiner Majestät, die von grüner Jugend an bemerkenswert weitsichtig war, oder solches vorgab, und hatte zu wissen begehren wollen, was denn wickenglich den Damm zu solcher Schlaglöchrigkeit veranlaßt habe, sich indessen aber erkundigte um für weis erachtet zu werden ob denn nun nicht Paternoster und Silberblinker einen schätzenswerteren Köder für den Hummerfang hergäben entgegnete der ehrliche und ungeschliffene Haromphreyld in gar nicht unsicherem Tone ganz so mit furchtloser Stirn: Nöö, Magerstät, ich kriegse jussogut zerschnappen mit diehier dammertäten Ohrwriggslern. Unser Matrosenkönig, der ein Gluckschen vom sichtlichen Wässerchen kippte, lächelte darauf, ohne fortzuschlucken, überherzlich unter seinen Walroßschnauzern und wandte sich, jener nur mitmaßen freundlichen Launigkeit unterliegend die Willem der Obirrer in weiblichter Linie vererbt hatte, mit einiger Kurzfingrigkeit von seiner Großtante Sophie, an zweie aus seinem Gefolge von Galgenglasen, Michael, den edelmänniglichen Gebietherrn über Leix in Offaly, und den Jubelgoldbürgermeister von Drogheda, Elcock, die beiden Schrotflinten seien vielmehr Michael M Manning, Protosyndikus von Waterford, und eine italienische Exzellenz namens Giubilei gewesen, besagt hingegen eine spätere Fassung, die der erzwürdige Gelahrte Canavan von Clangmachnaeus zitiert, und bemerkte drücksebüchserig:

– Heiligeripp, wie unser roter Bruder aus Goßdraußenien hörbar kochen würd wüßt er daß wir für jetreuen Bailiffsbezirk einen Schlagbäumer haben der abwechselnd ebensosehr ein Mauteinzieher wie ein Ohrwürmler ist!

Folgt nun die Frage: sind dies die wahren Umstände wie sie in beiden kollateralen andrewpomurphischen Berichten oder einem davon verzeichnet sind? Es wird sich uns vielleicht so schnell nicht offenbaren. Es bleibt das große Faktum daß nach jenem historischen Datum alle bisher exhumierten und von Haromphrey gezeichneten Holographen die Siglen H. C. E. tragen und während er immer und lang und ausschließlich der gute Herzog Umphrey für die hungarlöhnschen Heuerlingel von Lucalizod war und Chimbers für seine Kumpels war es sicherlich ebenso eine freundliche Wendung des Pöbelgevolks das ihm als Deutung dieser normativen Buchstaben den Spitznamen Hier Chauffiert Einjeder gab.

Einen eindrucksvollen Jedermann machte er in der Tat immer her, beständig derselbe wie er selbst und aufs prächtigste wohl solcher Universalisierung wert, jedesmal wenn er weiterhin vom guten Anfang bis zum glücklichen Ende die wahrhaft katholische Schar überschaute welche versammelt von überallher unisono W. W. Kellys Truppe zu applaudieren beim Schauspiel des Jahrtaushunds *Eine königliche Scheidung* mit ehrgeizigen Ensemblezwischendurchauswahlen aus *Das Mädchen aus Böh'* und *Die Lilie* an allen herrschaftlich befohlenen Gala-Abenden ausgehend von seiner vizeköniglichen Buudh wo, ein wahrlicher Napoleon der Vierte, der Vater vom Volke die ganze Zeit saß, die Gänze des Hauses um sich herum, mit dem unveränderten weitgespannten Halstuch seinen ganzen Nacken, Genick und Schulterblätter kühlend und in einem garderobenstreiferzierten Smoking von einem zutreffend Schwalbenganz benamten Hemd stabilisiert, in jeder Hinsicht die schnellgereinigten Fracketts und marmorsprenkligen Kommödchen der Parkettbuden und im frühersten Rang weit ausstärkend.

Eine weniger erhabene Bedeutung ist in diese Gestalten hineingelesen worden deren Wortsinn die Schicklichkeit in Sicherheit kaum andeuten kann. Es ist von gewissen Wißbolden ausgeschwätzig rausgerüchtet worden daß er an einem Schandleiden litt. Die einzig achtunggebietende Antwort auf eine solche Andeutung ist die Bestätigung daß es gewisse Behauptungen gibt die besser nicht wären und, möchte man hinzusetzen zu können in der Lage sein, aufzustellen besser nicht erlaubt wäre. Ebensowenig haben seine Verleumder, die, als unvollkommen warmblütige Rasse, ihn offenbar als eine große weiße Raupe begreifen die jeder und jedweder zum Mißkredit der Familien Juke und Kellikek im Kalender festgehaltenen Ungeheuerlichkeit fähig sei, ihre Sache durch die Unterstellung befördern können daß er, anderenfalls, zu einer Zeit der lächerlichen Bezichtigung ausgesetzt war walisische Füsiliere im Park zu belästigen. Einem jeden der die Christgleichheit des großen reinsinnigen Riesen H.C. Earwicker seine lange Existenz hindurch kannte und liebte klingt schon der leiseste Hinweis auf ihn als Lüsteschnüffel der in Plumpsfallen nach Unruh rumspürt aufs gröbste grotesk. Die Wahrheit erzwingt den Zusatz es solle da einst einen Vorfall dieser Art gegeben haben unter Verwicklung, wie bisweilen angenommen wird, eines quidam der vollkommen anonym blieb aber, wie festgestellt wurde, bei Mallons am Pfosten prangerte auf Betreiben von Wachsoldaten vom Überwachungsausschuß und Jahre danach anscheinend tot niederfiel in Erwartung eines Koteletts irgendwo unweit der Hawkins Street. Übelnachrede, hingestreckt soll sie darniederlügen, war nie kapabel unsern guten und großen und nicht gewöhnlichen Sündländer Earwicker, wie ein frommer Autor ihn nennt, irgendeiner gröberen Ungehörigkeit zu überführen als jener, vorgebracht von irgendeinem Waldhüter oder

Wildwächter der nicht zu bestreiten wagte daß er wohl an dem Tag seinen Untheil vom Korn verputzt hatte, sich gegenüber einem Pärchen anmutiger Dienstmägdchen in nicht gentlemanhafter Weise aufgeführt zu haben im Grünsten der buschigen Mulde an welchen Ort, oder so verteidigten die beiden Schürz und Jäckchen sich, Mutter Natur sie beide unwillkürlich und um die selbe Zeit der Abendstund geschickt hatte deren publizierte Verbindungen von Zeugnissen aber, wo schon nicht von fragwürdiger Dürftigkeit, sichtlich divergent in untergeordneten Fragen sind die die intime Natur hiervon betreffen, ein erstes Vergehen am Wildbret oder Wildwuchs das zugegebenermaßen eine unvorsichtige aber, allerweitesten Falles, eine kurzzeitige Entblößung war mit den mindernden Umständen eines abnormen Sankt-Martins-Sommers und einer reifen Gelegenheit dergleichen zu erregen.

X

Ich poste euch zu

VEREHRTE

MAJESTÄT nun denn ich habe diese ganzen Mistvögel angehört was sie hervorkehren ihn betreffend und sie werden zu nichts Gutem führen. Der Ehrenwerte Mr Earwicker, mein frommer Gemahl, und er ist ein wahrer Gentleman der seine Hemden zweimal täglich wechselt was etwas ist was keiner von den Schlingeln je sein wird weil wie singt der königliche Dichter ihres gleichen müßte erstmal geboren werden wie er einer war, mein frommer, und zwischen Williamstown und der Ailesbury-Straße war's wo ich das erste Mal das Liebeslicht in deinen Augen gesehen hab wie ein Paar Kerzen oben am Langwagen ich glaub er schaut mich an freilich als zöge er vorüber wie in einer Wolke als er ganz verschwitzlich neben mir aufwachte und mir in den Mund schaute und er mir seine wahrhaftige Meinung sagte verzeihe ihm bitte, güldnes Wesen, aber er träumte von mir ich hatte ein hübsches Gesicht gehabt an jenem Tag und ich dacht einfach ich sei wieder im verlornen Paradies als die ganze Welt war Juni, Liebe, wo wir zwei Hand in Hand wandelten.

Nun, verehrte Majestät, hienach schwöre ich nie in seinem Leben schickte mein Gemahl die Plünnen mit 'nem Tropfen von irgendwas andrem als Milch darinnen aus wie sie von der natürlichen Kuh gekommen und das ist alles reinste Ausdenke von einer Schlange im Gras und sein Name ist

McGrath Brothers gegen jenen lieben Mann, meinen ehrenwerten Gatten. Wenn ich euer Verehrten alles rauslassen sollt was jener Dummschwatz mir geflüstert war's letztes Jahr um diese Zeit wie ich Mrs Pat ihm zu Gefallen erzählte McGrath Brothers sag ich und sein Speck keines Blickes würdig von Butter ganz zu schweigen was strengstens verboten ist durch die zehn Gebote du sollst nicht dein falsches Zeugnis alles ablegen gegen deines Nächsten Weib. Aha, McGrath, der Lügen ist nur auf ihm raus wie Sommersprossen. Ich aber konnt ihn lesen. Wenn ich bedenke was über meinen herzlich geachteten Gemahl jener Schleimer die Schande hatte kann ich's je vergessen? Niemals! Möge also der Herr McGrath Brothers vergessen all seine Übertretungen gegen den Ehrenwerten Mr Earwicker. Für zwei Strohhalme, fürwahr und weniger gar, könnte ich jemandem den ich kenne was plaudern und würden die mit dem größten aller Vergnügen einen Leichnam aus ihm machen durch Privatjagd und nicht soviel von McGrath Brothers übrig lassen daß die Schäler sich was auflesen könnten.

Lügen! Nie hat es in meinem Hause irgendein Mädel gegeben das in Erwartung von Belästigungen durch meinen geschätzten Gatten war, niemals! Dieses Prostituiertenpärchen wo den ganzen Unfug getrieben, keine von den beiden war tugendhaft, gemäß besagter Aussage ihres medizinischen Beamten aus dem Verschlosse wohingegen ich zur verehrten Beachtung vorbringen werde des obigen Ehrenwerten Earwicker kindgegebene Besitzung eines Brustkorbes welcher keinem nachsteht sehr haarig mit Augenbrauen desselbigen damit dieser imstand ist gesehen zu werden welchen zu erschauen ich die Höchstprivilegierte bin und in Übereinstimmung mit selbigem sehr zugetan nach Verkäuferinnengesellschaft. Ich mag's nicht haben daß ein schlängliges Reptil von der Art der McGraths seine Lügen überall rumkleckert wo wir wohnen wenn er meint er sei hier das hohe Tier in Sachen der Prostituierten wie ich dem schlichtweg zustimme. Da, du Wurrum, du! Jetzt kenn ich dich. Es wär mir verhaßt, sagen zu müssen, was ich von ihm denke. Ich abscheule Petzer McGrath, Lieferanten und italienische Lageristen in königlichen Diensten, die auf Kosten von mir und meinem edelsten Gatten leben wollen wie ein dreckiges Paar Parapluiesen. Es würd mir im Traum nicht einfallen eine seiner Würste zu nehmen um eine Katze damit zu vergiften und überall stand's in den Sonntagszeitungen über Earwickers vielgepriesene Fettverspritzer daß sie dies Wochenende von mehr als fünfzehntausend an Leuten in Dublin gegessen und sehr gemocht wurden. Dieser widerwärtige Lügner! Anfangs war er zu einer Zeit ein Scotchmann und dann wurde er aus'm Clune's rausgefeuert wo er bloß einer von den üblichen gemeinen Ladenaufsehern war wegen Furzabgebens.

Weiterhin habe ich eine gewisse Bemerkung fallengelassen gehört vonwegen sein schlechtes Beispiel vor jenen Militärs setzend aber würd's mir der Raum erlauben so bin ich besten Glaubens ich könnt darlegen daß es dem frühesten Wunsch seines Verstands entsprang das Königsübel zu lindern und ich schwöre nachstehend bei eurer verehrten Majestät daß er's war wo mir den Preis meines neuen kugelsicheren Kleides mit den Engelärmeln gab dafür daß ich um die einundzwanzig herum aussah und sagte er zu meinem Beisein in diesen Worten: Ebenso wie's da einen Gott von allem gibt, Livvy, hat mein Verstand keinen blassen Schimmer.

Nun, Verehrter, ich entbiete euren untröstlich herzzerreißenden Dank mit Bedauern euch zuzuposten und will nun schließen, hoffend ihr seid im Besten. Ich interessiere mich nicht die Bohne für so und 'n irronymen Brief über ein Erlebnis seitens mir als Mädel, angeblich unerfreulich, mit einem einnehmenden klerikalen Freunde. Wie wär's! Ich war jung und unbeschwert damals und meine Gestalt von Beginn an bewundert zu weiden seine Augen weiter mit meinem lieblich rotbraunen Haar welches mir zu den unschuldigen Schenkeln hing und ich kann mit ihnen ganz nach schlichtem Belieben verfahren weil's nun mein eigen ist durch Verheirateterfrauen Unschicklichkeitsrecht. Vergiß den armen Pater Michael nunmehr (der Herr verlohne es ihm!) und beschwatz du mich stattdes. Wüßte McGrath Brothers bloß Jungfrauen zu handhaben wie er's früher vermocht würd er glatt aus seiner schmutzigen Haut fahren. Wenn ihr M. G. nächstmal seht fragt ihn mal vonwegen seiner Ehefrau, Lily Kinsella welche die Ehefrau von Mr Schling geworden, mit dem küssenden Anwalt, gegenwärtig Aufmerkung beschäftigend durch private Detektive welche unter dem Flügel versteckt um rauszufinden ob außer Küssen nichts vonstatten geht. Lily ist eine Lady, liliburlero bullenerloß! Und sie hat sich eine gewisse Medizin bringen lassen in einer Schankwirtsflasche mit Lizenz. Schande! Dreifach Schande! Ich wünschte nur er würd eines Tages durch seinen Briefkasten reinschauen und er würde nicht sagen daß das eines Anwalts Geschäft sei. Was ho, sie plumpst! Omei, gar überraschend würd er sein sein altes Mädchen in den Händen eines Anwalts zu sehen mit Mr Brophy, Anwalt, recht herzlich zusammen, küssend und in einen Spiegel schauend.

Soweit zum Schlingeleigerede ich sei nicht sehr prächtig behandelt worden von den Knallchen rundum Bully's Akker. Würd einer von Sullys Knallchen eine Knarre nach mir zücken wird der sich schon bessere Manieren beibringen lassen so wie ich dem dann seinen Ruf besully. Ich werd hiermit meine Beschwerde wider ihn einlegen bei Polizeisergeant Laracy welcher befindlich an der Ecke der Buttermilk Lane mit dem Kindermädchen der Rafferty und er wird solcherlei Schritte unternehmen wie daß er seinen Kopf wohl und gesetzmäßig zerbrochen kriegt demzufolge durch einen Norweger welcher aus der Christenheit verstoßen worden.

Liebe Majestät, ich hoffe euch geht's recht wohl. Wie geht's euch allen? Wir unterhalten uns immer über euch all zusammen im Bette. Ich selbst bin besorgt wegen euch all. Ich spüre die Kälte stärker denn früher und muß Flanellhosen hautnah tragen. Um die Wahrheit zu sagen war ich jüngsterzeit ziemlich pikiert in meiner Gesundheit wegen der Knilche die durch Sully für McGrath aufgestellt. Mir ist geraten der Flickschuster sei zu gegenwärtiger Zeit im Krankenhaus mit Herzklopfern von all dem von ihm Getrunkenen und selten ist's daß ich ihn anderswie gesehn. Daß er nie wieder rauskommen mög doch ist er ein wuchtigguter Schuhmacher in seinem Gewerbe. Und nun wiewohl ich allen welche es angeht zur Kenntnis geben werde daß ich absolut stolz auf diesen großen Zivilisten bin, A. L. P. Earwicker, langes Leben sei ihm beschieden, mein einstmals gutaussehender Gatte der so sanftmütig ist wie ein Pilz sichtbarlich aus meinem verbesserten Anblicke und ein höchlichst anziehungsvoller wenn er stets gegenmirüber sitzt, armer Eselsarsch, seiner Feuchte wegen um unsere höflichen Gespräche mit Earwicker über rechtmäßige Geschäfte und Freuden wieder aufzunehmen wenn er es auf ein gutpaar Krügel vierer Bierer und solcher Nummer abgesehen hat und nie tat er mich an einen Stuhl ketten oder mir mit einer Gabel nachjagen an Erntedank seit dieses heimische Eiland ward geborn und das ist der Grund warum die ganze Polizei und jedermann alle rundherum sich mir verbeugt wannimmer ich in alle Richtungen ausgehe. Earwicker ist hundert Prozent menschlich, das sag ich Schlimmschlingeln und euch, Master McGrath, Blaßbäuche unsre milde Kur, rück und streifig, neun Pence. Ich kann hiermit jedermann wo mag originalen Sack zeigen mit einzelstücken Keksen und Adam Findlaters auserlesenen Feigenrollen welche mir gegeben worden anläßlich so liebem Erinnern bei Gelegenheit unserer letzten goldenen Hochzeit von Mr Earwicker. Danke, Liebster, für dein schönes Päckchen. Stets der geborne Gentleman ist deutlich zu ersehen von allen aus solchem Verhalten.

Nun, mir gefällt einfach ihre verdammte Stirn haben losgegangen und rumerzählt er sei geplagt wie wohl nur irgend konnt. Ich muß bitten aufs Heftigste zu widersprechen da ich wahrlich denke ich könnt in diesem Stadium in Sachen Gehör wohl hinzufügen daß er nach seiner Manier und dessen auch beglaubigt ganz schön taup ist. Ich würd ihm seine Antwort schon geben wagte er es zu sagen mein verehrter Gemahl sei niemals ein wahrer Witwer im Auge des Gesetzes gewesen bei Betrachtung seiner obsoleten Verkrankten insofern als der gegenwärtige Mr Earwicker Esquire besagter Zeugnisperson oft erschöpfende Auskunft gegeben genau entsprechend der Beschreibung der hingeschiedenen Verkrankten zu lieber lieblicher Dämmerlichtstunde da dieser wahrhaft altehrwürdige Mann ein großer Vollmächtiger ist beim Spiel von Klatschbatsch und Populationspfahl und Sally Kurzklamotz wo er seinen eignen stets stolze halten kann dieweil wir uns mehr als alles anderen des geheimen Waltens der Natur erfreuten (dem Himmel sei Dank dafür, so bete ich in aller Demut!) und wirklich so lieb entzückt war über die nette Zeit. Wer würde sich wohl herablassen wollen um mit einem ganz besonders fiesen Stinker namens McGrath Brothers Argumente auszufechten. Wenn ich zuverlässig fehlerlos informiert bin sind Kanonenkugeln das einzig wahre Argument bei einem niederwärtigen Schlingel. Ping! Ping! Hau ihm wieder drauf! Ping! Das soll ihn hüpfend darauf machen. Ha! Ha! Ha! Ich muß schlichtweg lachen. Schlingel McGrath hat seine letzte Blutwurst gestopft. 3 Uhr nachmittags. Mittwoch. Prachtvolle Beerdigung im Fackellichte des McGrath Brothers. Vergeßt es nicht. Seine Beerdigung wird nun in Kürze stattfinden. Überreste sind pünktlich vor 3 zu entfernen. R.I.P.

Nun, verehrte Majestät, ich nehme mir diese Freiheit mich der Erwartung hinzugeben daß die Wolken sich bald auflösen werden in Vorausschau auf den famosen Tag wo wir hatten und will obiges Sendschreiben nunmehr beschließen mit besten Danken und meinen tausend Segnungen eurer großen Gütigst wegen und der ganzen Mühewaltung auf sich genommen für selbst und teuerliebsten aller Gatten der ich euch treu sein will bis ans Ende meiner Tage solang er ein Faß voller Bass hat mit Liebe zur Majes und alle zuhaus in den aufrichtigsten Hoffnungen ihr werdet schon bald euch höchst vollständiger Durchsicht desselbigen erfreuen.

Drum erbitt Hilfe ich zur Bezeugung auf diesen Tag auf meine Hand und Markzeichen von euer Majestät allerpflichtbewußtest verbleibe ich

Euer herzlich geneigte

Dame Anna Livia Plurabelle Earwicker

(Einzig rechtmäßige Ehefrau von A. L. P. Earwicker)

X X X X

N. B. Dieses setzt M. G. einfach den Stahlhelm auf.

Addendum

Das Löwenmaul

UND durchaus folgerichtig wurde die Konfusion seiner Komposition durch die Zickzackerei seiner Zustellung angemessen gekrönt, und nicht zum ersten Mal in der Geschichte ebenso wie, darauf ist mehr als einmal hingewiesen worden, dem Hinschied des einen Gemeindepfarrers oder Kuraten früher oder später zielsicher andere gemeindliche Hinschiede verwandter Natur nachfolgen.

Wiewohl, um nunmehr zu dem auf S. 80 in aller Hast zurückgelassenen Postmann zu kommen, wiewohl seine Eignungen für jenes spezielle Postalische, oder Amt, lediglich einem begrenzten Zirkel von Freunden bekannt waren, legte das Schauspiel des lucalizoder Briefträgers, einer höchst kapablen Amtsperson von ganz überragender Erscheinung in seinem leerflaschengrünen Wams, sogleich zweiflershaft ein Zeugnis ab von seinem bilateralistigen Eifer. Seine Bewegungen zeigten daß Nord- und Südseiten des Straßenverlaufs von ihm abwechselnd aufgesucht wurden bei der Erfüllung seiner bedeutsamen Pflicht während welcher er eine gewisse Zahl von Fehltritten erlitt welche ihn sehr zu verschrecken schienen und, während er schlichter und ungestempelter Korrespondenz automatisch aus dem ihm ausgehändigten Postsack zu entwischen erlaubte, der unfehlbare Eifer mit welchem er, inmitten eines Schneesturms mit geringer Sichtigkeit und auf unebenem Grund, für die unverzügliche Freihauslieferung alle Pakete sortierte und sicherte enthaltend Barrengold oder Fressalien machte in gewisser Hinsicht aus Shawn dem Postler einen Mann welcher gesehen, mit dem mitgefühlt, der beneidet und zu dem aufgeschaut wurde.

Solchermaßen wurde einer Frau Bittgesuch, Dirn, Weib und Mutter, überbracht durch zwei Söhne wilder Erd, seither sanktifizierte Scholasten, Iacopus Pennifera und Johannes Epistolophorus, ihrem und von allen dem Herrn überbracht, anerbietend ihm von welchem alle Dinge gekommen die brüderliche Gabe mütterlichen Wissens, hiedurch ihm von seinem eigen gebend (das Löwenmaul).

Als aber das Faksimile des vom gemeinschaftlichen Verfasser geschriebenen Briefs schließlich des Aldermanns Ohren erreichte war seine Überraschung praktisch komplett in solchem Maße daß er davon Brombeeren kriegte. Unter Stöhnungen welche nicht alle zu äußern niedersetzte er sich, klappte er seine Hemdsärmel hoch, während gar viele in des Baronetkneipiers Flaggraum, welche sich's nicht trauten, ihn verkünden hörten: £ 10 werde ich morgen liebend gern dem ersten Kerle geben der sie in den Royal Canal steckt.

Inhalt